图解服务的细节
105

セブン—イレブン1号店　繁盛する商い

7-ELEVEn一号店
生意兴隆的秘密

［日］山本宪司 著

刘海燕 译

人民东方出版传媒
People's Oriental Publishing & Media

东方出版社
The Oriental Press

图字：01-2020-0535 号

SEVEN-ELEVEN ICHIGOTEN HANJYOSURU AKINAI
Copyright © 2017 by Kenji YAMAMOTO
All rights reserved.
First original Japanese edition published by PHP Institute, Inc., Japan.
Simplified Chinese translation rights arranged with PHP Institute, Inc.
through Hanhe International (HK) Co., Ltd.

中文简体字版专有权属东方出版社

图书在版编目（CIP）数据

7-ELEVEn 一号店：生意兴隆的秘密／（日）山本宪司 著；刘海燕 译. —北京：东方出版社，2020.10
（服务的细节；105）
ISBN 978-7-5207-1705-2

Ⅰ.①7… Ⅱ.①山… ②刘… Ⅲ.①零售商店—经营管理—经验—日本 Ⅳ.①F733.131.7

中国版本图书馆 CIP 数据核字（2020）第 186456 号

服务的细节 105：7-ELEVEn 一号店：生意兴隆的秘密
(FUWU DE XIJIE 105: 7-ELEVEnYIHAODIAN: SHENGYI XINGLONG DE MIMI)

作　　者：	[日] 山本宪司
译　　者：	刘海燕
责任编辑：	崔雁行　高琛倩
出　　版：	东方出版社
发　　行：	人民东方出版传媒有限公司
地　　址：	北京市朝阳区西坝河北里 51 号
邮　　编：	100028
印　　刷：	北京汇瑞嘉合文化发展有限公司
版　　次：	2020 年 11 月第 1 版
印　　次：	2020 年 11 月第 1 次印刷
开　　本：	880 毫米×1230 毫米　1/32
印　　张：	6.5
字　　数：	118 千字
书　　号：	ISBN 978-7-5207-1705-2
定　　价：	58.00 元

发行电话：(010) 85924663　85924644　85924641

版权所有，违者必究
如有印装质量问题，我社负责调换，请拨打电话：(010) 85924602　85924603

前 言

三年前,正值 7-ELEVEn 创立 40 周年之际。以此为契机,我将之前留存的诸多笔记整理成了本书。换言之,这本书就是我的创业心得。这本书既是对多位开便利店的同行们一直期望的"便利店创立初始之际的山本先生是如何经营的"这一问题的回答,也是我自己回顾过去并验证一直以来的做法是否正确的一次反省。

经过一番探求后,我最终得出了一个意料之中的结论,那便是"店铺是依托于顾客存在的"。

然后,我将本书送给了这些便利店主及零售店主们,在他们之中引发了强烈的反响。之后,他们常常邀请我参加他们的聚会,并在聚会上询问我一些正困扰着他们的诸如"现在这种情况下如何提升营业额呢?""如何管理培养店员?""我想隐退了,但如何寻找后继者?"等经营方面的相关问题。

而这些正是我这些年也为之困扰,并想方设法要不断克服的经营难关。每当我碰到这些难关,我就会返回"为了顾客……""在顾客看来……"这个原点来思考解决的办法。为了方便年长者拿取，就将商品摆放在货架中较低的位置；量多的话就尝试分解成小份——为了让顾客愉快购物，我开始思考自己能做些什么，并且朝着这个方向不断努力。令人不可思议的是，我的店铺经营渐渐好转了。

我常听到"传统零售日薄西山"这句话。不止在地方，零售店铺整体都呈现出一种无法挽回的衰落趋势。我也常听到"我当然也想将父母创立的家业发扬光大，但看不到未来"之类的话。"大家都去大型超市了""人口减少没有年轻顾客""老年人不出来购物了""大街上行人寥寥"……尽管大家有诸多抱怨，但我相信，不管是店铺，还是当地居民，想要让当地恢复活力的心情依然没有改变。

怎样才能让零售焕发生机呢？——水产店、蔬果店、零食店、陶瓷店……便利店与这些零售店虽然分属不同系统，但从"都是依托于顾客而存在"这点来看，其经营本质难道不是一样的吗？书出版前，读过我书稿的PHP研究所[①]的山冈勇二先生、木南勇二先生与我商讨出版事宜时，我正在考虑这个问题。于是，我又对书里的内容做了大量的增补及修改。

本书主要面向那些想要开便利店的人群，若我的经验能为零售店恢复活力贡献出哪怕一点力量，便不胜荣幸。

---

① 松下幸之助创立的旨在通过繁荣来实现人民和睦与幸福的研究所，涉及研究、出版、研修、社会活动等诸多方向。

前　言

以 7-ELEVEn 纪念财团的井下龙司先生、编辑今井章博先生、渡边一弘先生、村上纪史郎先生等为代表的弘旬馆的各位，均参与了本书的编辑，在此对诸位的大力支持表示诚挚的感谢。

目录
CONTENTS

第 1 章
从16坪出发

第一位顾客 …………………………………… 003
令人开心的误算 ……………………………… 005
十九岁继承家族酒铺 ………………………… 007
矛盾的经营习惯 ……………………………… 010
寄情思于信中 ………………………………… 012
为开便利店而寻找结婚对象 ………………… 015
从美国总公司来的访问者 …………………… 017
将我的店定为1号店 ………………………… 018
"突然改行没问题吗?" ……………………… 020
交换"互相信赖的证明" …………………… 022
在培训中连问"为什么" …………………… 024
将本部的指导贯彻到底 ……………………… 027
与超市不同的销售体系 ……………………… 029

第 2 章
每天都有新发现

多少销售额才算稳健的经营？ ……………………… 035
泡完澡回家的顾客所购买的商品 ………………… 038
啤酒卖得好，店的销售势头就会好 ……………… 041
高效的小额配送 …………………………………… 043
逆转型战略"高密度集中式开店模式" …………… 045
过年也营业 ………………………………………… 047
市场需求催生出的"小冰块"及易拉罐 …………… 050
"饭团"与"关东煮"诞生的故事 ………………… 053
少而精的畅销商品为何重要 ……………………… 055
在 NHK 电视台公开销售额 ………………………… 058
未雨绸缪 …………………………………………… 060
某位美国店主的忠告 ……………………………… 062
"利润三等分"法则 ………………………………… 064
装修时恰逢竞争对手店铺开张 …………………… 066
回头客 ……………………………………………… 068
六年还清一亿日元借款 …………………………… 070

第 3 章
便利店生意的铁则

便利店的经营成败取决于订单 …………………………… 075
当店铺被顾客遗忘时 …………………………………… 078
请时刻牢记"店里的商品不能断货" ……………………… 080
将因丢弃产生的费用视为宣传费 ………………………… 082
单件商品应当随时进行价格微调 ………………………… 084
新品必须自己先行尝试 …………………………………… 086
分析销售方式就能明白流行趋势 ………………………… 089
畅销品与滞销品 …………………………………………… 091
订单可以彰显店主的性格 ………………………………… 093
便利店的生命——"商店专属意识" ……………………… 094
点心面包和吐司面包属不同种类 ………………………… 097
西式点心旁放上和式糕点效果翻倍 ……………………… 099
出售商品需要多下功夫 …………………………………… 100
怎样应对雨天营销 ………………………………………… 103
做生意有原理与原则 ……………………………………… 106

第 4 章
待客心得

将理想店铺变为事实的"四原则" ······ 111
我每天晨起先照镜子 ······ 113
不会让顾客追捧的商品 ······ 115
店铺是为了顾客而存在 ······ 117
给我们发工资的是我们眼前的顾客 ······ 119
我店的员工录用条件 ······ 122
工作场合严禁偏袒 ······ 124
店长与副店长 ······ 126
依托于家庭妇女生存的便利店 ······ 127
两人一天中至少要共同进餐一次 ······ 129
要想成为加盟店的店主 ······ 131
需要五到十年的准备才能独立 ······ 133
为拥有一家自己的店 ······ 135

第5章
全力以赴

扎根当地 ……………………………………… 139
给即将开店的人们的寄言 …………………… 142
达成预期目标能提高工作动力 ……………… 144
假设与验证须日日不辍 ……………………… 146
注意危险的应聘者 …………………………… 148
有志者，事竟成 ……………………………… 150
十年无借款经营 ……………………………… 152
2号店注重高级人才 ………………………… 154
集中耕耘一家店铺，还是开拓多家店铺经营 … 156
避免重复性劳动 ……………………………… 158
如何继承一家店 ……………………………… 160
对遗产继承税的探讨 ………………………… 162
考虑老年生活 ………………………………… 164
让便利店成为生命线 ………………………… 167
富有关怀感的商品的时代 …………………… 169
作为基础设施的便利店 ……………………… 172

结　束 ………………………………………… 175

第 1 章

从16坪①出发

19岁从父亲那里接手的位于东京·丰洲的酒铺

---

① 坪为日本面积单位，一坪相当于3.3057平方米。16坪即52.8912平方米。

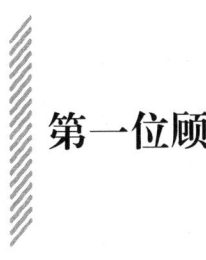

第一位顾客

不凑巧的是,那日从清晨起便一直是大雨滂沱。

为了熟悉收银台的键盘操作,我之前一直练习到深夜,只睡几个小时。今日大雨不断,还会有顾客来吗?

1974年5月15日,我的店作为7-ELEVEn的1号店在东京江东区的丰洲正式开张。

虽说对外宣称本店采用的是来自美国的技术模式,但这在日本是否真正行得通,我对本部传授的开店指南成竹在胸,所以还是有一些信心。但一抬头望向雨幕,不安感又悄然而生。

"既然决定了要做,就听天由命吧。"

开店时间为早上7点。因为运送零食的供货商的货车迟到了,所以在等待的过程中我们只是半敞着店门。刚过6点半,门口就传来了一声问询:"门开了吗?可以进来吗?"我的心咯噔了一下。

这是第一位顾客。虽然还没正式开始营业,但我还是对其恭敬地道了一声"请进",把他请了进来。

那是一位司机模样的中年男性。他到店内转了一圈，扫了一眼货架上的商品后，买走了我所站立的收银台附近放置的一个标价为800日元的太阳镜。

尽管接待那位顾客的时间只有短短几分钟，但我紧张不已，感觉像是过了几个小时。从本部过来帮忙做开店准备的几位职员，昨天夜里就住在店铺二楼。那位顾客在店内踱步时，他们便在柱子后屏息凝气，目不转睛地盯着这位"首位顾客"的一举一动。

我之前就从来自本部的那几位职员那里了解过，在当时美国的7-ELEVEn，太阳镜属于畅销品之一，经常被摆放在靠近收银台的货架旁。于是我开店时也想着这样尝试一下，没想到居然成了第一件销售成功的商品。

那一日，顾客未受大雨影响，纷至沓来，来店顾客可能达到了800~900位吧。其中，大荣的中内功总经理携六七位同伴捧场光顾真是让我惊喜不已。他们在店里逛了逛，观察了一下店里的环境及顾客，然后买了橙汁走了。

因为中内总经理的来店光临，我越发深刻地感受到便利店这种全新的经营形式会受到业界瞩目。翌年6月，当我获知大荣在大阪丰中市开张了LAWSON的第一家便利店时，便油然生出一种"果然如此"的感悟。

令人开心的误算

我家里之前经营的是酒铺。个人经营的酒铺基本上都是采用店铺派送的形式,来店消费的顾客屈指可数。而这一日,或许是如此多的顾客来店光顾的景象振奋了大家,所以尽管所有人在开张压力下都已精疲力竭,但觉得神清气爽。

晚上11点店铺打烊,收银台轧账,当日销售额居然有50.4万日元之多。而当初预想的日销售额(一天的销售额)最佳业绩也就是40万日元,这真是令人愉悦的误算啊。

轧账之后,我又花了一个小时左右完成了每日营业报表。在埋首制作报表条目的过程中,"当初选择7-ELEVEn真是太好了!"这样的感慨不断地涌现出来。

记录下了明日要订购的内容,再将店内商品补了货,我又回到了商品仓库中。在等待清晨供货商过来送货并将面包入库的这段时间,我在这里还可以打个盹小憩片刻。仓库里没有躺椅之类的东西,我便将啤酒瓶箱子推到一起,在上面铺上一层纸箱,将毯子像睡袋似的卷在身上便睡了。

睡着前我还在心中轻声给自己打气:"明天一定要努力!"

不在自己的房间而选择在仓库睡觉是因为,若在二楼寝室睡的话,有时听不到清晨赶来送货的面包店司机的敲门声。而如果不迅速去开门,繁忙的司机就会将商品直接放在店外后驱车离开。

早上6点,面包到货。我需要赶在7点店铺开门前将面包匆忙摆放好,然后才能开店——如此这般迎来了第二天。营业时间如店名所述,是从早上7点到晚上11点,全年无休。当时操持店内生意的只有我和妻子、一位打工者,以及忙时过来相助的弟弟,一共四人。

十九岁继承家族酒铺

我家一直在丰洲经营着一家名为"山本茂商店"的酒铺，我是家里的长子。

我出生得比较晚，待我升入明治大学经营学部时父亲年纪已经很大了，身体也变得特别容易疲惫。虽然他没有明确说过，但表露过希望我尽早继承店里生意的意思。但当时我认为自己刚考上大学，至少要等到毕业后才能在店里帮忙。

在那之后，父亲的健康状况并未改善。于是，我便开始在店里帮忙了，学习上无法集中精力。最终，我提交了休学申请，在大二那年（当时是1969年4月）正式开始在店里帮忙。

父亲店里的住店员工有好几名。我做配送时，还跟着他们从筑地①进过货，几趟下来，我对新工作便得心应手。

酒铺每年都会安排一次职工旅行，那一年的目的地是京都。我代替身体欠佳的父亲与他们同去，但刚到京都的下榻之处就接到了父亲病重的消息。弟弟沉重地告知我"父亲可能不行了"。

---

① 东京都中央区一地名。

这时候已经没有去往东京的新干线了。如果坐耗时长的夜行列车又很有可能赶不上，于是我在京都站租了一辆的士直奔丰洲。

在车上，我终于下定决心要继承家业。

此时，妹妹在读高二，弟弟还在读初二，我也才刚满20岁。

"接下来我必须作为店主负起全部责任了。"

令人不可思议的是，我做下这样的决定后，汽车行驶在京都至东京的过程中，我的意识也彻底完成了由学生到社会人的转变。

没过多久，父亲过世，我接手了店里的生意。但对如何经营一家店，我毫无头绪——真是一个不靠谱的店主。

我遇到的第一场考验是为了交遗产继承税而向银行借钱。尽管借的钱数额不大，但当时接待我的银行人员以"您与您父亲信用度完全不同"为由，给我设了较高的利息。

银行是为做生意，这也是无可奈何的事情。即便是家业，传到我这里还只算是第二代。我本人因为对税、会计，不，准确来说，是对做生意完全一无所知，所以格外懊恼。

我接手家业成为店主后，便主动加入聚集了当地店主们的商友会。

在商友会里，我从与我父亲年龄差不多的店主们那里实实在在地学到了很多东西，比如做生意的心得体会，还有与人交际的方法等。这可能与我父亲曾担任商友会会长有关，大家对我很是同情怜悯。我很顺利地融入了大家，被大家接受了。即使我有时候说得不对，大家也都秉持"不能不听下年轻人的意见"的原则，没有责备过我，无论我说什么话都愿意倾听。在此，我对一直关心我、引导我，从未放弃过不成熟的我的商友会的各位同人表示无尽的谢意！

矛盾的经营习惯

接下来,我全身心地投入到了酒铺经营中。但是,营业额几乎都是靠外送实现的。

我每天把顾客下单的日本酒和啤酒等装到自行车上送给顾客,再带着空瓶子回店。自行车车程有限,运送的酒水数量也非常有限,效率十分低下。

为了增加客源,我考取了驾照,希望能够扩大商圈的面积。然后我又购买了小排量汽车,开始了一天5~6小时的外送。

但不久后,我发现这样的经营方式与酒铺的生意产生了矛盾。其中之一就是,在荞麦面馆也收外卖配送费的时代里,我不管一天送了几次都只能收取商品的费用。

而且,不管是赊销还是现金支付,付款金额都是同样的。还有,即便酒的进货价格不同,我也只能按厂家制定的价格出售,等等,像这样让我无法释然的问题,一个接一个地冒了出来。

只靠经营酒铺确实能维持生活,但我开始思考现有的店铺面积能否满足更多的顾客来店消费。

我还产生了其他烦恼,比如总是产生"我的同辈人在学习什么?""他们在进行怎样的生活?""如果我没有退学而是坚持学业的话……也许我能想到另外一些经营方法"之类的想法。我决心尽可能再多读些经营者写的书,也要多参加专题讨论会。

某一天,烧酒厂家的一位营业负责人拿了一张招待券给我,对我说:"山本先生,您现在学了很多关于经营的知识。在丸之内的酒店有一场邱永汉老师的讲座,您要不要参加一下?"

真是羞愧,我当时完全不知晓这位被誉为"投资之神"的人的名字。在几乎到处都是免费专题讨论会的当时,去听他的一场讲座居然要3000日元,这真是让我大吃一惊。我感觉那肯定是一场精彩的讲座。

现在我对当时讲演的具体内容已经没有清晰的印象了,只记得当时的会场人声鼎沸,而且令人惊讶的是会场约半数是女性。我当时重新反省了自己平时不努力学习的状态,想着"巾帼不让须眉,女性也在与男性比赛学习啊"。

寄情思于信中

某一天,我参加了雪印食品的阿部幸男先生的一次专题讨论会。他是日本便利店研究第一人,那次的讲座题目是"中小企业、小微企业的近代化及美国便利店的情况"。

当时,大城市开始出现很多大型超市,喜欢与顾客打交道的我一度想着也要开上一家,由自己来做店长。可是,无论如何,我的店铺只有 16 坪。这个经营面积除了做酒铺就只能做便利店了——听了阿部老师的话之后,我打算经营一家便利店的念头越发强烈了。

阿部老师说,要经营一家便利店,从选址到销售战略都离不开与本部的密切合作。之后,我就一直考虑着如何将自己的店转变为便利店。

1973 年 8 月 29 日,《日本经济新闻》登载的一则报道让我

第 1 章 从 16 坪出发

至今记忆犹新。它记录了伊藤洋华堂①和美国 Southland 公司合作的特许经营连锁便利店（7-ELEVEn）的开启历程。

就是这个！

我当时直觉就是：就做 7-ELEVEn！——想着、想着，我便心跳加速激动不已。

钱虽然没有多少，但就赌这个了！我还有个上初中的弟弟和上高中的妹妹，如果我不努力他们怎么办？

店铺营业时间是从早上 7 点到晚上 11 点，那么长的营业时间我倒是不觉得为难。本来我家的酒铺就是从早上 8 点营业到晚上 9 点，在此期间还有外送这一体力活。而 7-ELEVEn 不需要外送，物品摆放的工作也有本部人员过来帮忙。

但是，我不确定自家的店会不会被选为连锁店之一，面谈八字还没有一撇。于是，我决定先给负责人写封信，向对方传达一下自己的想法：

"我家的店铺虽然只有美国标准店的一半大，但有没有可能也拿到地区独家销售权呢？尽管店铺面积小，但我想用它来赌便利

---

① 又名伊藤荣堂，于 1920 年创立，前身为"洋华堂洋品店"，当时是日本主要零售企业，在日本全国各地经营百货公司，亦从事其他业务。伊藤洋华堂曾是世界著名便利店 7-ELEVEn 的母公司，当时两间公司都隶属于由伊藤洋华堂于 2005 年 9 月 1 日成立的新控股公司"Seven & I 控股"。"Seven & I 控股"其后在 2005 年 12 月 26 日以 20 亿美元购买了同时拥有日本崇光百货及西武百货店的 Millennium Retailing Inc. 的控制性股权，成为日本最大，以及世界第五大的零售企业。

013

店将来的无限前景。所以能否允许我来做这一项事业呢……"

如此这般,我在介绍自己学到的便利店经营知识的同时,将自己炽热的情感也寄托于信件中。

因为我不知道对方的地址姓名,便写下了"伊藤洋华堂本部 7-ELEVEn 负责人"作为收件人信息。

不久我收到了回信,回信大致内容如下:

"关于便利店事业的开展,我公司预备先开直营店,用以验证美国的销售战略是否符合日本市场。约一年后预计会开展地区独家特许经营制的经营模式,届时再与您联系。"

作为企业来讲,确实需要这样谨慎的探索。

"好!为了迎接那个时候的到来,我要努力经营酒铺,努力存钱。"我压制了自己急躁的心情。

不久,读过我那封信的本部的岩国修一先生(后任常务董事)又联系了我,说想拜访一下我的店,看看是否适合经营便利店。

"在美国,成功申请成为连锁店的店主一般都是 30 岁以上,而您只有 24 岁。其实比起年龄,我们更看重的是您是否对这份事业抱有热情。当然先不谈这事。您现在还是单身吧?如果没结婚,恐怕就没有所谓的社会信用……您有正在交往的人吗?如果没有,要我给您介绍相亲对象吗?"

没有结婚的话就无法加入连锁店吗?

我完全相信了岩国先生的话。

为开便利店而寻找结婚对象

无论如何也想开 7-ELEVEn 便利店的我,一回到家就给从小学起就与我玩到大的好朋友打电话。他很早就结婚了。

"我的店虽然小,但我想开一家便利店。但如果不结婚就没有社会信用,这就很麻烦。好像美国就是夫妻共同开店的。所以现在就这么一个问题,能与我结婚共同开便利店的人在哪里?"

或许是我的这一番话里充满了对梦想的执着和热情,他对我说:"7-ELEVEn 是什么我不清楚,但你那么想做吗?如果你确实想做,对感情就不能再这么漫不经心了。可供选择的结婚对象也不是那么多,对儿时玩伴、中小学同学,住得近的人,我们快速捋一捋?"

尽管听上去很荒唐,但幸运的是朋友认真听完了我的要求。

比较合适的有六个人。我们说好第二天上午 10 点整两人分头打电话给她们,结婚的事情可暂且不做深谈,重要的是能否同我一起经营店铺。

"如果对方回答'可以考虑',你马上打电话告诉我,我们就不能再继续给其他人打电话了,演变成脚踏两条船就糟糕了。"这样跟朋友交代完后,他挂了电话。第二天9点半左右他就打电话过来了,告诉我说:"我迫不及待地给第一位女士打了电话,她居然同意了!但她父母是工薪阶层,她本人又是家里最小的孩子,所以从小被娇生惯养。如果做全年无休的便利店工作就无法跟家人一起吃饭了,我有点担心她能否坚持得下去。但不管怎么说,她愿意考虑就是令人开心的一件事,不是吗?要不要等等看?"

这事便暂且告一段落。但那天下午4点半左右,我突然接到了她母亲的电话:"我听我女儿说了。你俩从小一起长大,生日也只隔着10天,我觉得这件事可行。她父亲、哥哥都觉得不错。现在就剩下她自己点头了。"

我是孤注一掷了,而她的父母也如此迅速、爽快地答应了下来。父亲去世后,年幼青涩的我成为了家里的顶梁柱。母亲、弟弟、妹妹都赞成我结婚,现在就剩下我与她直接见一面,最后确认一下她的想法了。

婚事确定的那天,我马上联系了本部的岩国先生。

第1章 从16坪出发

从美国总公司来的访问者

3个月后的1973年12月25日,是圣诞节。这一天,我接到了本部的电话:

"美国Southland公司的人到日本做市场调查,调查对象为酒铺、面包店、肉店、蔬果店。您的店被列入候选名单了,我们可以来您店里看看吗?"

我欣然同意。机会来了。

Southland公司的调查员一来到店里,就问了我几个意料之外的问题。

"您店里卖的家常菜、下酒菜等,您自己家也会吃吗?"

"会的。"

"您是怎么处理的呢?"

我回答:"如果家里吃,店里的商品就会减少。所以我就用自家出钱购买的形式来处理。"然后调查员说了一句"挺不错的"。

我不知道他那时是以怎样的意图询问的,但我认为,他想表达的是经营便利店应该将公私严格区分开吧。我至今对这件事记忆犹新。

017

将我的店定为1号店

1974年正月①新年，东京下起了数十年不遇的大雪。

1月2日下午，本部突然打电话说他们想在第二天来我店里造访，询问我是否方便。

我家酒铺新年②有三天店休，所以有时间接待。于是，我回复他们说："欢迎你们前来。只是因大雪之故能否顺利抵达丰洲……"

我担心交通上恐有不便，然而对方的回复听上去很坚决："不管怎样我们都会拜访！"此时我便有一种预感，莫不是我的店铺可能获准成为特许经营店了？我已经下定了决心，在此事上毫无犹豫。于是与母亲谈了将酒铺改成便利店做生意的事。母亲与父亲在二战后开始经营酒铺直至今日。这么多年来，她也想从受售酒许可制与烟草专卖制限制的行业中跳出来。尽管也有些不安，但母亲还是对我说了一句话"做你想做的吧"。

---

① 在日本，指公立1月。
② 在日本，1月1日到3日为新年假期，一般店铺都会休假。

第二天下午，我同本部的三人一起围坐在店铺二楼招待室的被炉①里。我的右手旁是负责 7-ELEVEn 店铺战略运营的清水秀雄先生（后任副会长），前面是一位外国人，左手旁是铃木敏文专务（现为名誉顾问）。主要由清水先生就便利店将来的发展方向与方针进行了说明。

说明的中心主要围绕日本方面需要忠实地基于美国公司的规章制度进行店铺运营，且我的酒铺的库存都得在两周内全部处理完毕、不得在便利店中售卖等话题来进行。从年末开始事情峰回路转，我的店终于成为了动我心心念念的 7-ELEVEn 特许经营店之一。

当时我还不知道我的店成了 7-ELEVEn 在日本的"1 号店"。

后来听说，当初本部首先是开了直营店，在收集了 know-how② 后就开始正式执行特许经营方针。据说此事是由铃木专务做出的改变，其理由如下：

7-ELEVEn 的基本方针是以中小型零售业的近代化与共存共荣为目标，发展特许经营连锁。即使直营店做成功了，也无法保证特许经营店也会成功。

---

① 被炉是日本冬天的一种取暖用品。它通常是一张正方形矮桌，上面铺上棉被，下面铺有薄垫子，桌子底下装有电动发热器。人们可以坐在垫子上把腿和脚，甚至整个身体伸到桌子下面取暖。

② "know-how" 又称专有技术或技术诀窍，这里指经营便利店的方法、技术。

"突然改行没问题吗?"

我的店铺改制进展神速。总公司想让我在 5 月份开店,如果不赶快就来不及了。

我很快将酒铺要改成便利店的消息告诉了我的客户们。为了不给赊账的顾客与公司带来麻烦,我就清算日的相关事宜与他们进行了充满诚意的商谈。当然,对于来店的顾客,我也努力向他们进行了说明。

对于我突然改行的事情,大家都很吃惊。那时经常听到的一句话就是:"7-ELEVEn 是家什么店啊?"

那些人都是知道我父亲去世的消息,之后如同亲人般操心我家未来生活的顾客们。年轻的我究竟将开始一份怎样的事业,他们对此是既充满兴趣,又为我担心。

我还将这消息汇报给了给我家酒铺带来莫大帮助的当地商友会的店主们,以及售酒会的各位同人。他们都为我感到担忧。即使我向他们解释本部是伊藤洋华堂下属的 7-ELEVEn,是一家很正规的公司,他们还是不断告诫我:"真的没有关系吗?会不会被骗了？会不会把你的店铺骗走了？"

当时社会上出现了一种批判的声音，认为超市是将个人商店追至穷途末路的元凶。而那些超市的下属公司，居然准备与小微零售店签售合同开展共同经营，这件事实在让人深感意外。

我的店要想生存下去，就必须将营业形式改成便利店。为此我频繁参加各种研讨会，拼命学习便利店的知识。对我来说，改行是深思熟虑后的结果，所以，那些声音都无法撼动我。

为了尽快清除酒铺库存，我开始了半额促销，将之前按法定价格出售的酒水大幅度打折降价。如此一来，有价值的商品两三天就售罄，剩下的是日常生活中不需要的东西。生活必需品如果便宜出售肯定能卖光，超市生意红火原来是这个道理——此时我切实理解了这一点。

交换"互相信赖的证明"

不久之后，本部的岩国先生给了我开业日程表及改建资金的估价单。日程表显示开业时间为 5 月中旬，拆除一楼厨房增加两三坪，这产生的拓宽改建费，以及培训费等约 1500 万日元。此外，库存的部分资金有 700 万日元左右，资本金合计为 2200 万日元。

对于我来说，2200 万日元是相当大的一笔金额，对于如何筹措这笔资金，我简直煞费苦心。最后我将从父亲那里继承来的丰洲的土地抵押出去，从银行贷了款。

"这么大一笔钱我能否返还？如果无法返还，店铺和土地就都没有了。"

说实话，在借据上盖章时我的手都是抖的。但我想到我已没有退路，无论发生什么事情都得坚持做下去，这种觉悟与对新行业的期待糅合在一起，不安又转为了斗志昂扬。

然后就是为了迎接 5 月中旬的开业而进行改造施工了。但因为店里是直接使用美国的器材，所以承包了改造工程的人员最初手忙脚乱无所适从，甚至还引发了好几次混乱。

比如，现在店铺里常见的是一种正面是玻璃门，玻璃门后可陈列啤酒、软饮、副食品等商品的冰柜。这种冰柜当时在日本也是个新鲜东西。但是，因为从美国运来的冰柜尺寸过大，且高度过高，无法搬进丰洲店的店门。不得已，最后只能将冰柜下面拆了才搬进去。

终于布置好后，又有新问题出现了。因为卖场狭小，店内过道只能刚好容一人通过，如果要打开柜门补充商品，顾客就无法通过了。

于是我便提出疑问：可否将商品从后面放入呢？由此，我向本部提交了在冰柜后面也设置柜门的提案，并立刻实现了改造。现在的冰柜几乎都是背面补充商品的式样，或许是由此开始的吧。

互换协议书是在3月末完成的。虽说是协议，在当时远没有现在的合同严谨，更像是一种相互信赖的证明，都是一些暂定的内容。

顺带一提，协议书里写着"本部愿意保障我的盈利，最低达到经营酒铺时的粗利水平，如果新店经营不善，将由本部帮我回归原本的生计"。这份本部的"实验店"优待让人满怀敬意。这份合同现在仍然作为珍宝被郑重地收藏在我家的保险柜中。

在培训中连问"为什么"

临近开业的 5 月初,持续五日的培训在当时位于千代田区三番町的总公司进行。参加者有我与弟弟,还有两位外国培训教师,以及数名本部职员。培训从早上 9 点开始到下午 5 点结束,中途一个小时的休息时间,每日授课时间为 7 个小时。

第一天的培训内容为制作营业日报表(现金收支报告)的方法、交货期要收的文件等。按培训老师的话说,如果每天都能正确制作营业报表(现金收支报告),那就几乎不需要日本广泛采用的现金出纳账,或是进货账单了。确实,因为报告中记录了顾客数及现金出入等每日的各种情况,凭这些就足够了解当天的营业状况是好是坏了。

每日营业报表非常简洁明了,对于从来没有接触过的我来说是一个非常新鲜的事物。每份文件必有英文标识,每个经费条目也有英语注释。比如营业日报表(现金收支报告)又名 cash report,交货日志又名 receiving log。但是,必须记住这些单词吗?想想就有些郁闷。

培训课程先由外国老师向本部的镰田诚皓先生（后任副会长）用英语进行说明，然后再由镰田先生翻译后教授给我们，用的是一种比较慢的方法。

第一天主要是关于公司基本思想的一些说明，我抱着崇敬的态度聆听下来。然而，进入到涉及具体问题的第二天，很多疑问便涌现出来。每当这时，我便会连续发问"为什么"，以及不断地说"请等一下"。

比如说，我家从事酒铺生意，如果顾客将空啤酒瓶拿来，一个瓶子我就要付给他5日元。那么这份金额从哪里出，如何记录才合适呢？

老师回答的是，在美国没有回收瓶子的说法，所以不用拿钱出来。我又问："但在日本是要自己付钱的……"如此这般纠缠到底、不肯罢休。

我就像这样不断地连续发问"为什么"，终于，美国老师的脸色由正常的白色逐渐变成愤怒的红色——老师生气了。

"我们这一套体系经历了50年的发展，才形成了今天的规模，所以请相信我们，安静听课！而且我刚说完你就发问，我们就无法按日程完成授课。"

但我是交了每日3万日元培训费的。在这5日我必须将这套体系全部学会。若是对具体运营方法一知半解，届时无所适从的会是自己。最重要的是，到时候如何对一起共事的店员们说明情况呢？我岂不是不能下指示？

但课上一味纠结也是毫无意义。于是我与老师商量我可否将疑虑之处一条一条地写下来，在下午5点课程结束后向他请教。最终，对方虽然同意如果是在半小时以内可以，但实际上我经常拖着他，请他再多讲一点，再多讲一点，有时甚至一问就是两个小时。

将本部的指导贯彻到底

最后一天是验证培训成效的"购物游戏"。本部人员与我分别扮作顾客和店员,进行一个小时的营业场景模拟,这被视为营业考试。"购物游戏"结束后进行轧账,制作现金收支报告,再核对现金,如果没有出现差错的话就算合格。我很幸运,一次就通过了。

迄今为止从未接受过商业相关教育的我,在这次培训中仿佛学到了商业的王道。简而言之,那就是贯彻这一原则:珍视顾客、避免售罄、保持清洁、收拾垃圾——实际上都是商家分内的事情。我再一次深深体会到了,这些事情对经营一家店来说多重要。

美国的思考方式也给我带来了一些感悟。比如在轧账时,金额核对不上,若差错金额在销售额的 0.2% 以下,只须在当天的现金收支报告中记录"不足 50 日元"或"不足 100 日元"即可。虽说金额对不上,但花上几个小时去查找未免浪费时间。我曾听闻银行若有 1 日元对不上,就会让全员留下重新进行一次彻底的核对。这样一比，美式思维确实比较合理。

还有一样让我佩服的是 7-ELEVEn 的基本体系 open account system。

7-ELEVEn 开业时必要的商品、消耗品的采购金、收银台现金、保障金、营业执照费等若是超出自己的资金负担能力，本部可以接受将店内商品及营业额作为抵押，来帮忙融资。

还有就是开业后，特许经营加盟店还可以将每日给本部的销售额作为抵押，接受本部支付给自己的代理结算利润。即使发生销售额不及支付额的情况，本部也会将与营业相关的所有资金以 1 日元为单位向加盟店进行自动融资。

也就是说与本部的金钱及商品交易，无论何时都是以全透明的形式呈现的，不会产生疑虑不明的情况，由于这个体系的存在，加盟店便不会为筹措资金而苦恼。

而且返还本部的融资也并非为定额返还的形式，是从每月的盈利中扣除店主的生活费（每月引出金①）、店铺运营相关的各种经费、制度贷款的返还资金等，剩下的部分才被填补到对本部的返还中，对店主来说，这是一种很轻松的返还方式。

---

① 店主从店内账户上取出用于私用的金钱。

与超市不同的销售体系

开业前几天,我坚决执行草根策略。我们拜访了丰洲地区的每家每户、每家公司、每间工厂,告知他们我们的新店要开张了。

分发的传单正面中,在"方便实用的'便利店'从美国远道而来"的广告词旁,附上了对"便利店"的解释及7-ELEVEn的介绍,还特别强调了"方便实用的7-ELEVEn店就在您身边!",店名7-ELEVEn(7-11)也直截了当地说明了店铺营业时间,是从早上7点到晚上11点,全年无休。

传单背面印着"①无论何时随到随买②商品齐全③随时为您准备着简单轻便的快餐"的广告,广告的下面画着美式画风的爸爸、妈妈和孩子。

我想对本店能满足每一位家庭成员的期待进行宣传。

有很多酒铺的老顾客拿着这份传单来到了店铺,不断鼓励着年轻的我们:"加油!我们期待着!"

开业翌日,是与开业首日完全不一样的5月晴天。这一天,

开业时的传单（背面）

促使我决定做便利店的贵人——研讨会的讲师阿部老师也光临了敝店。阿部老师在之后的报道中这样写道："白色的天花板、橘红色的墙壁，以及灰褐色的地板完美地糅合出了一个和谐的空间。既无季节性装饰，又无一张海报。如此干净整洁的店内，货架栏上的仿照黄油、洗涤剂等样子的展示标牌，向你讲述这是一家商店，没有任何一处文字提示，这一点让人印象深刻。"（月刊《食品商业》）确实，小店的装修布局是我们煞费苦心之作。

正因为是日本第一家美式便利店开业，不仅是大众传媒，一些名人也被吸引来。流通业的巨头中，除了首日莅临的中内先生，西武百货店的堤清二总经理也屈尊前来。西武流通集团当时已经在埼玉县狭山市，开了实验店性质的迷你便利店

（1973年9月）。

"我们这样被社会关注着。我们责任重大，不允许失败。"——每当我在工作上迷茫并充满焦虑时，为了激励自己，我总是反复回想开店之初的心情。

当时的商品大约有2000种，而经营酒铺时仅有600种左右，现在一下子涨了3倍多。但当时我们在商品的品种选择上，可谓摸着石头过河。

当时，本部的清水先生考虑的是，店里的商品可选择超市的畅销品及美国的三明治、汉堡包等快餐畅销品。然而，当这些商品被摆放在店内时，却多为零散销售。易销的洗涤剂并非划算的大箱装而是小瓶装，拉面卖得好的并非袋装式的而是杯装式的。销售方式与超市是不一样的。

通过分析镰田先生费心统计的结果，我们得出一个结论：顾客在便利店的消费习惯与在超市完全不同。比起价格，我们应当更关注顾客的消费习惯，用内容与方便程度决胜负。这成了7-ELEVEn选择商品品种的基本理念。像这样不断地反复实验摸索，7-ELEVEn的商品品种越来越齐全。到2016年为止，一般的7-ELEVEn店中的商品种类增至3000种。

第 2 章

每天都有新发现

1974年5月15日，1号店开业。最中间的是我，从左边数第三位是时任总经理的伊藤雅俊先生，从右边数第三位是时任专务的铃木敏文先生

多少销售额才算稳健的经营？

开业第一年，我的日程表如下：

早上6点起床，将到货的面包摆上货架，7点开门营业。早上7点到9点左右，到店里买早餐面包和咖啡的顾客陆续进店。接待和收银都是我一个人，所以非常忙碌。订货业务也必须在中午前完成。

订货会花费大量的时间。不仅是因为订货量多，还因为供货商厂家及批发商对7-ELEVEn店知之不详。我用电话订货时得用"这里是洋华堂创办的便利店……"开头。

订货工作需要一边观察到店消费的顾客的情况，一边进行。一般从上午8点左右持续到11点半左右。订货工作及打扫工作完成后就已经到了中午。中午到下午2点是客流量最大的时间段，这时我就让妻子来店里帮忙。

从下午2点到5点相当清闲，因为这段时间里几乎没什么顾客光顾。原因之一是当时我从厂家进货，再以固定价格卖给顾客，所以时间比较充裕的顾客，就去比便利店更便宜的超市购物了。从下午开始就由店内打工者整理商品，由我妻子担任收银员。

下午 5 点到晚上 9 点，由我和因上学而只能下午上班的弟弟两个人负责接待顾客。虽说晚上 9 点以后几乎就没有顾客了，但也会有一两个人光顾。这段时间我一人足矣。

深夜 11 点店铺关门后，我需要花 1 个小时制作现金收支报告。做完报告后，再检查必须补货的商品，按进货渠道进行区分之后再研究商品如何摆放的问题。做以上工作，要花费两个半小时。这时候终于可以睡觉了，一看时间已是凌晨 2 点多了。但因为早上 6 点还要起床，所以只能小睡一会儿。我在 1 号店时，每天仅有三四个小时的睡眠时间，就这样将做生意坚持下来的。

这份日程听上去非常辛苦，但这是自己选择的道路。况且这也是对新事业的一次挑战，我早已做好了心理准备，所以没有感到痛苦。

比起痛苦，倒不如说我更多的是感到不安。比如究竟怎么做才能销售得更好？费用控制在多少才适合？盈利达到多少了？我不懂的地方实在太多了。

每天写现金收支报告时，去掉要支付的工资及其他费用，到底剩下多少才算稳健的经营呢？还有，对每月销售额如何进行解读比较好呢？我烦恼不已。

我向本部的负责人询问，他回答我说："谁也没有做过，不清楚。"

结果，我只能摸着石头过河，这么多年一点点地探索又摸索，综合销售额、费用、利润率等算出一个平均值，若该平均值为某个数值则算稳健经营。我只能像这样构建出一套自己的标准。

为此，最重要的是节省开支。

"自己工作的话，支付给打工人员的费用就节省下来了。"

打工人员有急事休息的时候，我心中就有"虽然工作量增加了，但开支减少了"的想法。

像这样，我拼了命地工作。一年后，每日营业额达到了近50万日元。我的店终于可以继续做下去了——名誉顾问铃木敏文曾说过："简单的工作最少持续一年的话，肯定会有收获。"事实证明，确实如此啊。

泡完澡回家的顾客所购买的商品

丰洲地区成为交通便利之地，是从1988年6月开通了有乐町丰洲站开始的。当时从丰洲到有乐町只需8分钟。在1992年，月岛的桥对面的河畔处建成了一座30层高的丰洲高楼，地铁站前也落成了一栋37层的丰洲中心大楼。此后，就呈现座座高楼平地而起的景象。

然而，在70年代开店时，该地区尚处处透着填海造陆的风貌。海岸线掩埋在芦苇丛生的沙泥地中，周围很难见到绿意。只有工厂和住宅区这种大煞风景之物。交通方面只有公交车通行，一个小时也仅有几辆且间隔时间很长，晚上9点便是末班车时间。

当时帮助我们开店的本部职员调查了人流量后甚至说过："早晨赶着上班的顾客可能会来店里，但晚上7点过后就没人会过来了。"

这附近的商店晚上7点就会关门。有些季节，店铺的周边便是一片黑暗，全无人迹。我的店也是如此，10点过后基本上就没有顾客了。刚开始我还想着这是现实，放弃算了。但当附近的人们知道有店铺营业到深夜时，来店光顾的顾客也开始慢慢增加起来。在丰洲，也有人过了晚上 7 点仍然想要购物啊。

不久之后，在晚上 8 点到 10 点这一清闲的时间段，住在附近工厂单身宿舍的顾客开始来店里购买烟酒了。

此外，店里还出现了一个不可思议的现象。那就是工作日生意平平，但一到周六、周日营业额就一下子涨上去了。且越是临近夏天，营业额涨得越多。主力商品为啤酒及下酒菜，软饮和冰淇淋也越卖越多。

没过多久我便知道了原因。店铺周围有家澡堂，泡澡归家的顾客喜欢买上一些饮料和食物回去。在大澡堂里慢慢享受泡澡以缓解一天工作的疲惫，之后再买些啤酒边喝边看棒球比赛……这便是那个年代的人们常见的生活方式。

而结果就是，人均销售单价上涨了。

父亲的生意最初是从开食品店起步的。后来他取得了烟酒销售的许可证，扩大了经营品种。"去那家店就能买到酒"——即使时至今日，作为曾经的酒铺仍对现在便利店的经营发挥着光和热。再次感谢逝去的父亲。

基于上述原因，一到夏天，店里就忙碌了起来。一般情况下都是傍晚冰柜里的瓶装冰啤酒还是满满当当，店铺打烊时就已售空。单身宿舍的人自己没有冰箱，所以我们店就成了他们的冰箱。

瓶装啤酒都是预备在店铺后面的商品仓库里的。因为是瓶装啤酒，所以中途放入冰柜的啤酒就不是那么冰。虽说如此，也不能卖半冰不冰的常温啤酒。如果做过一次这种事之后，顾客就不会再度光临了。甚至店铺也会得到差评。

相对来说，罐装啤酒能够快速冷却，冷却效率比瓶装啤酒要好。但有很多顾客嫌弃它有罐头味道而敬而远之。

当时的罐装啤酒几乎都是钢罐。没有罐头味道的铝罐啤酒由朝日啤酒于1971年6月开始售卖，但铝的价格较高，所以铝罐啤酒流通范围并不大。从单价上比较的话，瓶装啤酒还是比罐装啤酒便宜，因此卖得好的还是瓶装啤酒。

啤酒卖得好，店的销售势头就会好

可是，在美国罐装啤酒很畅销，本部预测将来罐装啤酒会成为市场主打商品。

能不能做没有罐头味道的罐装啤酒呢——大家都在思考这样一个问题。不久，铝罐啤酒开始普及了。

"就是这个！"

我迅速制作出"没有罐头味道的罐装啤酒。本店新推出能快速冷却的罐装啤酒"的POP①广告，积极地向顾客推销。销售得很顺利，营业额提高的同时，店内的销售势头也越来越好了。

随着啤酒销售额的增加，店内销售额整体上涨这一事实对7-ELEVEn的店铺开拓战略也产生了影响。

在我的店铺开业后约1个月的1974年6月20日，7-

---

① 指商业销售中的一种店头促销工具，不拘样式，但以摆设在店头的展示物为主，如吊牌、海报、小贴纸、纸货架、展示架、堆头、大招牌、实物模型、旗帜等，都在POP的范围内。

ELEVEn 2号店在神奈川县相模原市的相生①开业了。它是本部的直营店,面积是我家店铺的三倍,配有一个大型停车场。在东京丰洲这处荒凉之地首日营业额都超过了50万日元,直营店会产生多少销售额呢?大家都很期待。但一天天过去,2号店的营业额只徘徊在了30万~35万日元。

在2号店开业1个月左右,我拜访了那家店。店长很沮丧地说:"真没想到生意这样不好做啊。"

不久镰田先生打来电话,询问我丰洲店销售额剧增的原因。我告诉他,多亏了泡澡归家的顾客们在店里购买啤酒及下酒菜,1号店才取得了这样的成绩。镰田先生马上将这个情况传达给了运营负责人。

于是本部蓦然意识到与其优先发展直营店,倒不如将重点放在劝说酒铺加盟上,以发展特许经营店的形式谋求壮大,或许这样做的成功率更高。

店铺若要销售酒类,就需要取得一般酒类零售业执照。获取时还会被检查是否正常纳税,是否违反未成年人饮酒禁止法,酒铺与料理店是否位于同一场所等,要求比较苛刻。新开的直营店要申请这种执照会比较麻烦。

本部的战略重点由优先发展直营店,转变为重点开发由酒铺加盟的特许经营店,就是从这时开始的。

---

① 相模原的一处地名。

高效的小额配送

店铺的销售额虽然很顺利地提升了,但仍然存在一些问题。最大的问题是库存管理。当时的订货规定是订一次货的话,杯面以 10 箱,袋装拉面以 3 箱,瓶装或罐装啤酒以 1 箱(内含 24 瓶/罐或 48 瓶/罐)、杂货、皂粉以 1 箱等为单位发货。

比如我只订了 5 箱杯面,但 10 箱货品会被打包寄送过来。如此会造成库存商品的积压。积压商品越来越多,最终将相邻的杂物间与自家客厅都占满了。

这样一来,想在这些货物中找出目标商品的箱子就很困难。每天积存下来的货物,也不清楚其中到底有哪些商品。明明是为了补仓才订购的,结果好像浪费了很多时间。

于是我购买了对讲机,这样就能在店内联系到仓库里的店员了。但是,本部严厉告诫我,说是有顾客在购物,不可以那样做。于是,我只能一手拿着货品位置图,一边寻找目标商品。

我思考着能否请供货商进行小份量零散型配送。同一地区如果有相似的店铺,可以将厕纸等商品按小份量装车进行一次性配送，这样不就提高了效率，而且能让商品畅销吗？但当时还没有出现那种供应商。

小份量零散型配送会花费更多时间精力，也会造成成本上涨。即便我想这样做，本部那边也会纠结吧。最初我的店铺毛利润率很低，还不到20%。加上本部的费用，毛利润率若达不到23%，我们都有倒闭的风险。

当时，店铺的销售额主要是由毛利润很小的烟酒支撑。而且，这些商品的价格由国家规定，顾客的个人爱好也相对固定，店主再怎么努力也无法大幅提升销售额。

于是我就想着靠别的商品来实现销售额的增长。但当可供选择的商品很多时，事情又变得没那么简单了。

比如说，假设一款畅销饮料A断货，但店里还有很多与A类似的饮料B，所以不会补充A，而选择设法将B卖光。

有一次，我同岩国先生进行了以下的对话：

"为什么那件商品断货了？"（岩国先生）

"请您看看仓库。那件商品确实断货了，但同款商品还有这么多。"（我）

本部决定将订货方式转变成小额订货，这件事是促成这一决定的契机。

逆转型战略"高密度集中式开店模式"

店铺门前停靠大量的送货卡车成了个问题。因为每辆只送少量的货,所以一天有将近 70 辆车过来。一天的营业时间是 16 小时,粗略计算的话,送货卡车近 14 分钟来一趟。但实际情况是,很多车是同时到的,这就让店铺陷入了一个悲惨的状态。

每次车一来,就要核对货品,然后由店员摆至店内。但这个过程中顾客也接踵而至。交货的人又想尽快卸货去下一家店,所以不管是店里还是供货商,双方都很焦躁。路上送货卡车一辆接一辆越堵越长,有时还会受到交警的斥责。

刚刚诞生的 7-ELEVEn 尚未形成规模性的力量。要保证多品种、少量商品共同配送,到底应该怎样做才好呢?——高效的共同配送系统的逐步成型,正是本部与供应商不断磨合的结果。

加盟店越多就越能享受到规模的红利——解决的要点在于,本部要实现的店铺开拓战略"高密度集中式开店模式"。在同一地域集中开店,就使得小份量零散型订购成为可能,配送时间也能缩短。这确实是一套合理高效的物流体系。在当时,名誉顾问铃木先生就下了死命令："若要在东京开发加盟特许经营店，就必须在1号店的丰洲店所在的江东区寻找可能的商店，不能离开江东区一步。"我也答应全力支持，便对他说："若江东区内有对加盟便利店尚有顾虑，但干劲十足的酒铺店主，您可以带他们来我的店里，我为他们讲解7-ELEVEn的结构及前景。"

本部对高密度集中式开店模式还有一个考虑。

在某一区域，若有很多店铺，就有更多机会为顾客宣传7-ELEVEn，提升店铺知名度。而且，一旦在店里消费过一次，体验过其便利性的顾客会再度、三度来店光临。例如，自家附近有A店，学校、上班单位的周边是B店、C店，像这样就会促使他们在多家店铺消费了。

不仅如此，打广告时，如果当地有多家店铺，不管在成本上还是广告效果上，都会变得特别高效。同时能告知当地，我们这里有多家店铺。而且，店铺相互间的距离越短，本部派到加盟店的OFC（店铺运营指导）越能高效地跨店移动，在店铺里提经营建议时，也能保证有充足的时间逗留。

过年也营业

1974年临近年终的一天，特许经营店2号店，东京深川牡丹店的高须先生打来电话。

"一般来说，过年三天所有店铺都会休息，但7-ELEVEn是要营业的吧。虽说在店门口挂着'年中无休'的招牌，但实际上是怎样呢？"

我不知道如何回答了。

"唔。虽说也许只是口号，但还是要继续开店的吧。"

当时，即使表示要"年中无休"的店，在孟兰盆节①及过年三天（有极少数的店从1月3日开始营业）一般也是要休息的。此时，7-ELEVEn已经有7家直营店、5家加盟店。向本部请示过后，本部表示，休不休息由各位店主以少数服从多数的形式决定。

---

① 日本的传统节日，即当地的中元节与孟兰盆节，或简称为御盆节。原本为阴历7月15日左右，明治维新后多地改为8月15日左右。日本人对孟兰盆节很重视，现已成为仅次于元旦的重要节日，企业、公司一般都会放假一周左右，称为"盆休"，很多出门在外工作的日本人都选择利用这个假期返乡与家人团聚祭祖，此时是长途交通的高峰时期，东京、大阪等大都市街道多显冷清，有点类似中国的清明节。

结果,坚持不休息与支持休息的比例是7∶5,所以过年三天也要继续营业。但因为美国本部在圣诞节那天休息,所以元旦就将营业时间缩短,变成早上10点到下午6点营业。

但过年三天,批发商、面包及便当厂家都休假。即使说服他们,让他们保证过年三天的货源,但又由谁来对各店进行配送呢?我们想了各种各样的方法。

各店的仓库都被年终进的货填满了。那么不管怎样,先将拉面等畅销品装入两吨货车中停到本部直营店的停车场内,若哪家的店库存不够就直接从那里拉去配送。或者是,年末就将商品存入直营店仓库,如果加盟店需要商品,就由待命的7-ELEVEn公司职员送过去。

但名誉顾问铃木先生此时提出指示:

"若接下来有更多7-ELEVEn店,那样的人海战术就行不通了。就趁现在,拜托我们的商业合作伙伴在新年也为我们配送货物如何?"

在本部,岩国先生等人力劝我们的商业合作伙伴,为他们展望将来7-ELEVEn的前景:"我们现在虽然交易量不大,但数年后会成长为一桩交易量很大的生意。"结果有几家供货商愿意支持我们。但到了新年,他们也不能保证一定能找到为店铺送货的人。

后来又如何了呢?最后是说服了供货商的公司员工们送货。

当时为我店里送便当的是后来成为副会长的清水先生。新年那天，我与妻子，加上一位店员，我们三人在店里严阵以待。

就这样，尽管元旦依然开店营业，但从开店到下午1点半左右没有一位顾客光顾。"果然还是不行吗？"想着想着，下午3点左右顾客开始陆续来了。到了下午四五点顾客越来越多。快打烊时收银台前还排起了队。

我拜托下午5点回家的店员能否再帮下忙，但她还是以今天是过年家里也有事为由离开了。因为只有我夫妻二人在收银，原本定的下午6点关门也没有实现。

最后在客流锐减的晚上9点半左右我们终于能够打烊了，最终做完一切工作后已经过了晚上10点。

第二天早上7点开门，仍然没有顾客光顾。我本想着大家也许下午才来，但11点过后顾客开始增多，中午简直忙得不可开交。来视察的本部的清水先生看到接踵而至的顾客们大吃一惊，说：

"山本先生，新年营业虽然辛苦，但街上的行人现在都变成了店里的顾客，这种感觉很痛快吧？"

这次的销售盛况让人很愉悦，丰洲店从第二年开始，即使是新年，也同往常一样，选择继续在早上7点~晚上11点营业。

市场需求催生出的"小冰块"及易拉罐

经营 7-ELEVEn 对我来说,就是不断发现新大陆、不断想新办法的过程。本部也说过,虽然引进了美国的 know-how(技术手段),但很多与日本实情不适应,他们每天都像在做实验一样摸索着。

我也在努力着,想要与负责人商量进新货的事情。那时本部的规定还不是那么严格,即使没有获得许可,加盟店也可以自行尝试各种商品的销售,比如马克杯。当时的热门电视剧《拉勒米牧场》[①] 中,西部牛仔就拿着马克杯喝咖啡。我觉得那个姿势特别帅气,就马上联系国外马克杯的采购员,委托他们为我寻找货源。负责国外采购工作的员工马上为我联系了商家,但对方说得 50 个为一个单位发货。我有些担心,因为当时马克杯尚未普及,顾客会感到新鲜吗?结果 50 个马克杯全卖光了。

我听闻学生做暑假作业需要用到的独角仙在商场销售得很

---

① *Laramie*,1959-1963 年在 NBC 电视台播放的美国西部电视剧,当时大受观众欢迎。1960-1963 年被日本引进播放。

好，尝试着卖过。而销量最火的是玩具、娃娃、飞镖这些圣诞节及新年等常规畅销商品。这时，一般公司都发了奖金，工作的年轻人若有了中意的东西不会把钱包捂得那么紧——我早就瞄准了这个市场。

我也有过失败的尝试。丰洲店周边当时有很多从事体力劳动的顾客，他们干活时出汗多，我就想着售卖一些换洗的内衣裤。幸运的是洋华堂也在做这方面的生意，我便委托那边寄了一些过来。

然而，本部投诉我，说没有给予我将食品与内衣裤放在一起的许可。采购员写了检讨书，而我也被召到本部，被严厉地警告。现在 7-ELEVEn 也卖内衣裤了，但美国的店就不卖。我是违反了美国的经营原则。

另一方面，也有新商品应我的要求上市了，就是"小冰块"。

不久后，便利店开始售卖纸杯装的果汁类饮料，柜台前放置的果汁制冰机，相信很多顾客还有印象吧。有很多买威士忌和白兰地的顾客会想再买些冰。还有些主妇会因为"孩子发烧，但冰店关门了"，问我们是否可以分些冰块。

但是因为卫生方面的限制，我不能售卖。所以对于那些需要冰块的顾客，我告知缘由后，免费赠送了。

"我想将碎冰封装在袋子里，深夜寄放在超市的冷冻库中，第二天再拿出来卖，你觉得有这种市场需求吗？"

有一天，我听到一位厂家的营业负责人这样问道。

"肯定有的。"我回答道。

开发这项技术的是小久保制冰的冷藏公司。现在再看一下他们公司的主页，发现售卖小冰块是1973年10月的事。据说是公司总经理看到夏威夷超市中卖碎冰，念头一闪开始开发的。

此后，我的店里就常备有他们家制造的小冰块。

还有一样是手拉罐头。正因为我家原来是做酒铺生意的，所以即使是改行做便利店了，我家的下酒菜和罐头都很容易销售。那时我经常听到别人问有没有罐头起子。罐头起子一般不作为商品来卖，却是朋友聚会喝酒吃东西时必不可少的东西。

于是，我向本部提出申请希望开发一种罐头，不需要罐头起子，用手可以直接打开。本部后来将这个要求传达给厂家，这后面就不赘述了。现在，易销的罐头几乎都是手拉罐头。

"饭团"与"关东煮"诞生的故事

现在,饭团和便当成了 7-ELEVEn 的畅销品。但在开店当初,因为是美式风格的便利店,所以店里主要考虑将汉堡包和三明治作为主打商品。

在这样一种情况下,名誉顾问铃木先生突然对店里说:"放上饭团和便当吧。"我也很赞成。但是,谁能为我们提供货源又成了关键。采购员在电话簿中搜索一番,发现了一家叫"Warabeya"的连锁店。我想试试在店里卖他们家的饭团,便拜托了采购员。

实际上我之前吃过那种饭团,说实话确实很好吃。从此,7-ELEVEn 的饭团开始走上了颇具自我特色的发展之路。

1978 年我们设计了一款叫"脆海苔卷"的饭团。购买后,顾客们可以将脆脆的海苔卷上米饭,自己来制作饭团。我们从来不忽视鲜度和品质——当然,产品开发到这个程度还未结束。

我们严格挑选食材,注重反复研究碾米的方法、蒸米的方式、盐的种类、饭团的捏握手法。今天比昨天做得更好,明天比今天更好……追求更好的品质一直是7-ELEVEn本部的方针。这也是身为销售方的我们，作为同样值得信赖的伙伴，对本部全身心信赖的原因。

便当多数还是妈妈在家里做好的较多，所以有很多人担心是否会卖不出去。可是以"打破既有观念，不拘泥于过去的经验"为信条的名誉顾问铃木先生对上述想法，表达了强烈的反对。

引入关东煮的时候也是那样。

三明治、饭团、便当、夹心甜面包在夏季销售额较为可观，但到了冬季营业额就会下降。所以就换上了豆沙包、馒头等温热的食品，还有没有其他易销品呢？就这样，关东煮就进入候选名单中了。

一到冬季，我的店铺前就会摆上关东煮的锅台，之前店里生意还不错，我觉得关东煮应该会很受欢迎，本部的员工们也是那样认为的，但这遭到了一线员工的大力反对。因为他们说："平时本来就很忙了，难道还要卖关东煮吗？"

为了促销，我们在制服上印上了关东煮的标志。丰洲店的店员觉得羞耻，基本上不穿这件新制服。也有很多家店曾坚决抵制过。但是，随着关东煮种类增加，且越发美味，它现在成了每年冬季必出现的人气商品。

少而精的畅销商品为何重要

店铺刚开业时,我每天都在思考如何让顾客到我店里来。对那些什么都没买的顾客,我一定会主动搭话:

"您好,您好像没有找到想要的东西,请问您想找什么呢?"

然后如果能获知顾客想要的东西,我会回答:

"我会去寻找并在下次准备好。如果实在没有,我会给您打电话。"

因为我想做一家让来店光顾的顾客觉得满意的店。我若看到顾客在店里发现了中意的商品后展露出笑颜,就会产生"经营这家店铺实在太值得了"的想法。拥有明确购物目的来到店里的顾客找到目标商品后,可能会抱有先囤着以后用的想法,很多时候会一下子买好几个。

开店两年间,我一直坚持与这样的顾客搭话。然后就摸索出了"这家店是为了顾客而存在的"这条真理。

后来我去美国参加研修了。我发现我在美国所学到的东西与日本店铺的实际做法最大的不同是,美国和日本对断货的认识。

美国便利店中，若顾客要的商品断货了，美方基本上都是以"没有就是没有"这种豁达、无所谓的态度来应对的。在日本则相反，店铺方面首先会觉得很抱歉。看到顾客失望的表情，店铺方面会觉得很难过，所以就想着一定要做些什么、努力为顾客准备好他们想要的商品。这是我们日本人的待客态度。换句话说，开店与其说是为了自己，不如说是为了服务他人。

本部继续挖掘这种思想，提出了"一切都要彻底站在顾客的立场上思考和实践"的口号。确实，站在顾客的立场上，在正式接待顾客时就能看清自己应该做什么了。

比如说，烟酒这种富有代表性的商品。这些是客户群稳定的商品，顾客很少会换别的品牌将就。若在一家店里没有找到自己平常喜好的牌子，顾客基本上就会离开此处换家店购买。我店里会常备有一些有稳定顾客群的老牌香烟，例如罐装烟Peace[①]。虽然数量不多，但永远不会断货。

一味地追求店铺利润，自己的目光就会集中在能大卖的商品上去，不太卖得动的商品就会被舍弃。但是，有些商品虽然不易大量销售，但仍然拥有市场。而通常购买这些商品的都是同样的顾客，也就是常客。他们不但会为了这些商品而数度光

---

① Peace 是日本市场上少见的烤烟型香烟。该品牌首次面世于二战结束的1946年，是日本战后发售的第一款自由贩卖的高级香烟。

临，还会购买它们之外的店里的其他商品，是本店的重要支柱。哪怕只有一次没有让这些顾客满意而将他们推向其他商店，对店里来说也是一笔重大损失。

当然，即使是同种商品，也有很多顾客想要购买的不同款型。也就是说，他们可能已经对以前购买的款型腻了。如果说体察顾客的这种意愿，在货架上换上新商品是我们这40年全力努力的方向的话，那么它也是7-ELEVEn本部不断开发满足顾客期待的高质量产品，并持续将其投入市场的40年。

如何体察顾客意愿并满足顾客愿望呢——本部一直强调的"要制订让顾客永不腻烦的销售计划"，说的正是这件事。

在NHK电视台公开销售额

店铺开业后一年左右，我接到了NHK的采访请求。当时，"便利店"这个词的使用频率还很低，媒体都称呼我们为"深夜超市"。我与本部商谈了采访的事情，本部问我是否可以公布销售额。我还是有些抗拒在电视上公开自己的钱包的，但我也理解本部的想法。

因为在这一年间，我的店铺盈利比经营酒铺时多了很多，涨到了1.83亿日元。虽然这笔钱要与本部分成，但我的店铺支付出去的店员工资等必要费用，已经达到了1000万日元以上。1975年被视为高收入职业的都市银行职员中，新入职员工的工资为8.5万日元。若换算成现在的市价，相当于2500万日元的收入。本部想通过这次采访公布盈利的情况，来吸引更多店铺加盟到特许经营店中来，我十分期待。

担任我店铺的OFC（店铺经营指导）的宫川辉男先生（后任常务董事）曾说过，若特许经营加盟店数量未达到100家，7-ELEVEn经营体系就无法顺利运作。当时，7-ELEVEn的特许经营加盟店只有15家。如果加盟店数量不继续增加，就无法产生规模效应，不管是商品订货还是配送，效率都会特别低下。

虽然很不好意思，但如果公开销售额就能让加盟店增加，我能理解。

7-ELEVEn第一年的15家店，按所在行政区①来看，福岛县有4家，埼玉县有3家，东京都有4家，神奈川县4家，真的是势单力薄。但从翌年长野县新店开业开始，到之后的1978年为止的4年间，这五个县就达到了375家店。这就是"高密度集中式开店"的力量。

采访内容被播放的那天是1975年3月20日（上午8点到8点半），题目是《蓬勃发展的美式便利店》。成为加盟店后，销售额会比现在的店更多吗？留心这个问题的小零售店店主们可能有相当多的人都看过这个纪录片了吧——节目播放后，申请特许经营的人剧增。

还有很多厂商和希望经营便利店的人，不断前来造访丰洲店，垂询相关事宜。研究便利店的老师们也坐巴士组团来店内参观。我对来店造访的人们的问题都是知无不言、言无不尽。我还主动登上组团前来参观的巴士，拿着话筒向大家介绍7-ELEVEn的店铺现状。

---

① 日本的行政区划。日本共有1都1道2府43县。即东京都、北海道、大阪府、京都府，以及福岛县、埼玉县等43个县。

未雨绸缪

像这样，我的店的利润越来越大。但一年后要交税时我发现，明明账簿上应该是有收益的，却没有钱。

销售额统计等经费上的各种计算一直是由本部进行的。当时没有电脑，皆是手动记录，颇费时间。比如说，5月份的销售数据得在两个半月后，也就是临近8月时才能统计出来。就是说快要遗忘当时的销售情况时，销售结果才能出来。当我看到本部的计算结果后发现确实产生了利润，但利润并非作为现金存在着，而是变成了进购的商品积存在仓库和我家中。

因为店铺不大，售卖的商品又多，所以每种商品的周转率并不快。但这一批货量大，此时在库商品价值已经达到了1000万日元。当时的日销售额是30万日元左右，实际上是30多万日元。现在的丰洲店日销售额约为200万日元，是当时的5倍左右。库存商品价值与当时一样，也是1000万日元。

销售额是比较顺利的，但没有现金。我很烦恼，便找了本部商量。然后本部同意借钱给我，但这样一来，好不容易还清之前的借款，现在又得借钱。正当我犹豫的时候，妻子良子对我说:"用我之前的存款来交税吧，如果还不够，我们再向银行借。"

一定要做到未雨绸缪，要在销售顺利时为将来做好准备——我将此事铭记于心。所幸税金问题终于解决了，没有发展到要向银行借钱的地步。

然而库存并未减少。但换个角度来想的话，迄今为止仓库里的商品都只是借款，现在可以说还了一半了，那么便有五六成是属于自己的了。"加油卖吧!"这样想着，我又轻松了一些。

某位美国店主的忠告

1975 年 11 月，店铺开业后 1 年半，我获得了一次去美国研修的机会。据说能与旧金山、洛杉矶地区的优秀店主夫妇们见面。我在免税店购买了日本酒作为特产，一路带到了美国便利店。

我拜访美国 7-ELEVEn 店的第一印象，说实话，当时就是"这样做店铺还能开下去吗"的感觉。它们的平均卖场面积是日本的两倍，仓库却很小。他们不在意是否断货，若是库存减少，可能也觉得无所谓。顾客数一日 800 左右，销售额换算成日元为 40 万至 50 万日元。

但这次研修旅行也让我收获了宝贵的建议。那是令人难忘的研修首日，我在旧金山遇到的意大利裔的店主，萨拉斯农先生馈赠我的。

"山本先生，我是移民到美国来的。刚开始开 7-ELEVEn 时非常艰辛。我告诉您那时我学习到的三个教训吧。"

萨拉斯农先生一家，他的儿子、女儿以及他们夫妇俩都在经营 7-ELEVEn。我和他意气相投。他获悉我初掌店铺，于是给了我一些忠告。

第一条就是：在开店后 5 年内，请不要再生第二个孩子。

"如果只有一个孩子，那么夫妻二人一边开店，一边能兼顾一下孩子。但若有两个孩子，生活只能围着孩子转了。那样的话就无法顾及店里。7-ELEVEn 基本上是夫妻店，所以如果个人生活不能安排好，店铺经营就会很困难——这点一定要做到。"

那时，我对这话左耳进右耳出，没有放在心上。但是第二天，在没约好的情况下，萨拉斯农先生来机场为我送行，又说了一遍这句话。

他这样叮嘱我，想必因为那段时期对当时的他来说确实相当痛苦吧。

在丰洲店开业后不久，我们夫妻俩的长子出生了。产后第十日，妻子便将孩子交给娘家，站到了收银台前。那孩子发高烧时，因为店里忙，甚至有没时间将他立刻送到医院的情况。

每天的苦不算什么，但一想到孩子，我确实也是心痛不已。我们没有很好地照顾他，这事一直是我的遗憾。

有一次，从小学放学回家的儿子对我说了这样的话："为什么我没有兄弟姐妹？"

我们工作太忙，长子出生后一晃六年过去了。在孩子问出那句话后的第二年，我们的女儿出生了。

063

"利润三等分"法则

第二个教训是"利润三等分"法则。

小型零售店的一般性做法是，从利润里扣除生活必需的花费后剩下来的金额，由夫妻一方管理。需要用钱的时候再从其中支出。

但是萨拉斯农先生说这样的做法是错误的。应当是确定家庭开销后，从每月利润中将其扣除，再将剩下的金额对半平分给夫妻双方。

例如，假设每月的利润是60万日元，从60万日元中扣除家庭开销——假设家庭开销是30万日元，那么将剩下的30万日元对半分，将其中的15万日元交由夫妻双方来管理。这样的话妻子也能有自由使用的钱，还会为了增加利润继续努力。

像这样的利润三等分原则，最主要的就是夫妻双方关系对等。7-ELEVEn就是基于这样的想法，认为经营者是夫妻俩，且是在两人的信赖与合作的关系上成立的。

本部与加盟店的关系也是一样。它不是亲子关系、朋友关系和兄弟关系，说到底它就像夫妻关系。因为我们共用一个 7-ELEVEn 的商标，要共同发展共同进步的话，就必须构建相互间的信赖关系。

萨拉斯农先生的第三个忠告就是：对妻子说谢谢。

"工作中最重要的是，有一位能与自己一起工作的妻子在身边。即使工作进展得非常顺利，也不要认为这是自己一个人的功劳。因为是妻子在背后支持着自己，所以一定要想着这是夫妻两人共同劳动的结果。而且，工作顺利或功成名就时，也一定要记得说声'谢谢'。如果你不这样做，妻子就不会再支持你了哟。"

这样说来，我确实也是这样的。即使我感激我妻子，但因为不好意思，常常难以诉诸于口。一次妻子被逼急了，说了一句："我也是很努力的啊。"我听了脱口而出："我虽然嘴上不说，但你应该知道我心里是感谢你的呀。"

装修时恰逢竞争对手店铺开张

　　店铺销售额走势顺利，但 22 坪的店铺实在太过狭小。我想增加商品，但地方有限，已经无法进更多货了。

　　开店四五年后，我感到店铺又小又旧，但又无法下定决心再建一家店。因为开店时已花费了大约 1500 万日元的装修费，再新建一家店的话，肯定会背负更多的欠款。

　　还有就是，本部说过希望各家店主能够在开店 15 年后再新建或改建店铺。对于加盟店来说，像我一样把原来的酒铺改建成便利店的有很多，大多都比较旧了。如果 1 号店开始重新装修，其他店铺可能都会跟风而动吧。那样一来，我担心可能会有很多店铺因为装修而暂停营业。最重要的是，我决定以开店 15 年为目标，专心积攒建一家新店的资金。

　　1988 年，地铁有乐町线全面开通。此时已是开店第 14 个年头。在此之前，店铺周边开始发生了巨大的变化，一个接一个的大规模开发计划被提上日程。丰洲站前也有一栋预计在 1992 年建成的丰洲中心大楼（37 层）在规划中。

"好吧。趁着周边建设形势一片大好，我也把店铺顺势重建一下吧。"1991年，也就是在开店后第17年，我终于下定了决心。

我想将店铺改成三层，但丰洲是填海造陆之地，为了保证地基安稳，桩子必须打到地下51米深处才行。那样一来就会产生相当大的费用。业内人士也说，若建不满3楼就没有投资的价值，之后也不可能再改建。这时已是动工前一个月，如今再怎么考虑都无济于事。于是我一咬牙决定建一个5层楼高的钢筋水泥建筑。这样一来，店铺面积会翻近一倍，成为40坪。

本部在东京都内的店为30~35坪。本部曾建议将丰洲新店也建成35坪，但我担心若是定为这个面积，其他的竞争店铺也落成后，丰洲新店便未必有那么大的吸引力，于是我坚持做40坪的店。

施工要持续11个月。在此期间，不知是故意还是不凑巧，地铁站前新开业了一家FamilyMart（全家）便利店。若我仍像平时一样营业的话，那家店对我的店就构不成那么大的威胁，因为我的店距离地铁站更近。但现在，我的店铺因为施工要暂停营业了。

回头客

新丰洲店开张营业时,究竟有多少顾客会回来继续惠顾支持呢?顺利的话能达到原来的一半吗?我能还上借款吗?因为建了5层楼,借款也一下子上升到了1亿日元。之前是按迄今为止顾客一直愿意光顾本店为前提做的借款返还计划,要说危险的话,还真是很危险。如果预测失误就不得了了。

装修结束,店铺重新开张后,大半顾客都回来了。之前的担心都变成了杞人忧天。后来,本店以此为契机决定开始24小时营业。当然做出这一决定也有一部分原因是要还账而必须提高收益,但最主要的原因是丰洲就业人口增多,居住者也在急剧上升。

24小时营业最初是由福岛县郡山市直营店开始试运营(1975年6月),为了提高销售额,翌年4月,福岛县须贺川市的特许经营店也开业了。令人深思的是,两家店的客流量及销售额的增长量,超过了原本预计的增长量。

这里或许有各种各样的原因。但我推测,一定是"7-

ELEVEn 是 24 小时营业、全年无休"的印象留在了顾客心中，并形成了叠加效应，从而使得店的知名度、信赖度得到了提升，也促进了白天客流数量的增加。

丰洲店也尝试过营业到凌晨 12 点、2 点，周六 24 小时营业等举措，但效果不佳。果然还是 24 小时营业、全年无休，这种基于顾客立场考虑、简单直接的方式更好。

六年还清一亿日元借款

店铺重新开张时，我非常想做的一件事就是将店里的冷藏柜换成没有门的冷藏柜。

当时 7-ELEVEn 统一采购的是带柜门的冷藏柜。要拿出里面的商品的话需要打开柜门，这样就有点麻烦。如果有两个人都想购买冷藏柜里的商品，另一位顾客只能等前一位拿完后才能挑选。

因此，将带柜门的冷藏柜换成敞开式冷藏柜的话，就省掉了开柜门的麻烦，也能满足多人同时购物的需求。而且，当时的冷藏柜还不像现在的冷藏柜，拿取了前面的商品，后面的商品会自动向前滑动进行补充。当时的那种冷藏柜，顾客是看不到后面的商品的。

但是，一开始本部有人不是很赞同我，说有没有柜门的差别对销售额影响并不大，而且当时已经有别家的连锁店换了敞开式冷藏柜了，若是我们也换，会被认为抄袭。但我前往本部坚持我的意见：要为方便顾客的话，我们就该去做。本部最后同意了，但提出一个条件：若销售额不佳就算我的责任，我要负责将其撤去。

最终，效果超出了预期。豆腐等水分多的商品的销售量大约是迄今为止的 3 倍。我将这个消息告知本部后，从第二个月开始，本部下达了"将加盟店的一部分改为敞开式冷藏柜"的指令。

我贷了 1 亿日元款，分 20 年偿还。我想尽可能早一点还上借款。很幸运的是，新开张的店铺日营业额达到了 170 万至 180 万日元。我除了把以前私人存的用于新建费用的钱借给了店里，并用这笔钱返还贷款外，还把店里的利润加到了返还的费用中。

支付税金方面，我也没有再犯当年开店时的错误了。因为有 11 个月没有营业，账簿上已经出现了赤字。在进行税务申报时，赤字金额被结转后与利润相抵，便没有产生税金。这样一来，我一年便还了 2000 万至 3000 万日元，只用了五六年就将借款还清了。

这多亏了我的顾客们，我衷心感谢他们。

我思考着要给那些新店开张后依然回来惠顾的顾客们，表示些许感谢之意。我灵活运用起以前开酒铺的经验，打算把第二层打造成居酒屋，第三层建成一个可以喝名酒的卡拉 OK 店，交给弟弟经营，使之成为当地居民的爱玩之地。之所以会有这样的想法，是因为我脑海里闪过了父亲的一位建筑商老友的忠告。他告诉我："生意人在建房子的时候还是要多考虑一下比较好。不管是做酒铺生意的还是做蔬果生意的，很多人建房子时喜欢建高楼。顾客们也许会说一句'大楼真气派啊'。但话说回来，这也是因为多亏了顾客们的光临啊。

"世上不乏嫉妒者。有人建新楼后将一楼作为店铺，二楼作为儿女的房间，三楼自己用，我不同意这样做。因为有些人可能只看表面，就会传一些'也不看看是因为有谁的支持才能建新楼'之类的闲话。若将一楼作为商铺，那二楼就做饮食店，为当地居民提供一个能让他们开心愉悦的场所吧。"

第 3 章
便利店生意的铁则

(照片）开业当初，收银工作中的我。当时的包装袋还是纸袋

便利店的经营成败取决于订单

便利店从业 40 多年的经验告诉我，一家店铺是否经营顺利关键看所售卖的商品的进货方式。

店铺位置是一项基础数据。是在住宅区还是在商业街？居民及周边的工作者有多少？人流量如何？根据店铺的地理位置，顾客所需求的商品是不同的。

然后再观察：当地是单身者、学生、年轻夫妇较多，还是老年人较多。不同的情况下准备的商品也大有不同。

开一家新店时，7-ELEVEn 会收集、分析店铺位置的基础数据。再加上，我们使用从 1.9 万家加盟店总结出的消费者的消费爱好、消费动向等最新数据，来探讨应批发的商品。本部预测的易售商品准确度相当高。

但是，即使是这样，在门店实际销售时也会有有些商品卖得比预想的好，而有些卖得不如预期的情况。若卖剩的商品是食品就只能丢弃了。丢弃商品会给店铺造成损失。

能不能卖掉？这需要做出准确的判断。可以说，这与订货负责人对当地消费者特性的了解程度密切相关。也就是所谓的"我们必须对当地知之甚详"。

2010年9月,我在一家叫Prime Square的大楼中开了第二家店——丰洲五丁目店。因为是在大商场的一楼,所以将主打商品定为满足就职于这栋大楼的人群所需的饭团及便当。然而开店后没想到的是,除了饭团和便当,酱油、纳豆、豆腐等食品也非常畅销。

开店前,我预测家里做菜需要的食材、调味料等,楼里工作的职员们应该会到桥那边的东云一丁目的超市去买。但实际上,附近有很多顾客觉得走过桥去买东西很麻烦,便到我的店里来买了。

后来我询问了一下顾客原因,他们说,五丁目店里的酱油和纳豆种类丰富,便于选择。原来迄今为止,很多便利店的酱油和纳豆都只有一种。

我立刻开始调整商品种类。若不能在开店后三个月左右敏锐地根据当地市场调整商品种类的话,毫无疑问,顾客会减少。理由很简单,商品断货的话,会在顾客的脑海里留下"这家店没有自己要的商品"的印象。

明明有市场需求,若店铺不够重视——断货,换句话说就是失去了销售的机会,也就是所谓的"机会损耗"。调整的关键点在于，认真确认哪种商品会断货。

　　我经常去一家美味的日本料理店就餐。虽然那家店只有套餐，但并非执着于某种固定的口味。店主会记住顾客的喜好，是喜欢稍咸一点还是淡一点，按照那位顾客的口味来做菜。虽然价格稍贵，但总是生意兴隆。那家店的主人对我说过一句话："我认为根据顾客的口味调整食物的味道是专业的表现。"其实调整库存的商品种类也是一样的道理。

当店铺被顾客遗忘时

可以毫不夸张地说,一家店能否成功经营,关键在于开业一个月内是否做好了应对顾客的工作。

"7-ELEVEn开了家新店",顾客们闻声而至。顾客们享受到了开张折扣,也得到了一些赠品,店里的商品品种齐全。那么理所当然地,顾客们会有"这家店看上去不错"的印象。

问题是第二次顾客来店光顾时,店铺里的备货情况如何。正因为刚开店时销售走势良好,货架上的商品很快就能售空。这时若没有顾客要买的商品,顾客对店铺的期待马上就会转变为失望。若顾客第三次前来光顾时找不到自己要的商品,这家店铺可能会被他们遗忘。

我开店一个月时,即使有因为过剩而必须丢弃的商品,也会忍耐,不能心疼,因为一定要确保商品充足不能断货。

我不觉得看零碎的数据是件痛苦的事情。我将五丁目店里的数据全部看完并确认了断货商品。然后为了确保商品不至于断货又调整了进货量。这样一来,令人不可思议的是,三个月后店内商品已经切合当地市场需求了。

我再举个例子。进货时，若认为商品 A 是畅销品就订购 10 个，商品 B 可能销量一般就订购 3 个。结果 A 卖了 9 个，B 的 3 个全部售罄。这时一般人认为因为数量较多的 A 与预想的一样畅销，所以一切都进行得很顺利。但我其实更关注售罄断货的 B。尽管数量很少，但人们对这个商品的潜在需求可能巨大。若是我的话，下一步就会订购五六个 B 商品试试看。

在开业后至少三个月内，我把精力都集中在了这些事情上面。这是因为进货方式，会成为今后店铺经营走上正轨后的大致标准。

然而，新店在开业后的一个月内是一段相当混乱的时间。店内工作人员尚未习惯如何应对顾客。顾客询问商品位置时不能很好作答，无法灵活应对。所有繁杂问题都集中到了店长一个人身上，让本该去做商品确认这种重点影响店铺经营工作的店长分身乏术。

新店主或新店长在实际营业后，要查明与事前预想不同的地方，并及时进行适当的调整。无奈万事开头难，大家总是容易陷入混乱的状态。

再加上对学生和其他兼职店员的性格并不了解，店长也无法进行恰当的排班。这时就极易发生人手不足的情况。结果便是店长的工作量剧增，直到最终超出自身能力的限制范围。

请时刻牢记"店里的商品不能断货"

我在开新店时会提前一个半月左右让新店长到我所在的丰洲店进行实地训练。晨会时，我会让他了解并牢记丰洲店店长的日常工作，还会与他一起订购新店的商品。

因为新开的店，除了进货外还有很多工作要做，从商品确认到发货，如果都由店长一人来完成，有时候时间不够。但若同我一起，我们两人一起做的话，就能很快记住这些流程。

不管怎样，我的方针就是不能断货。因为一旦断货，订货量必然会增大，当然也就出现了要丢弃的商品。丢弃就是损失——这一点很多新店长无法接受。因为他们会认为店铺产生的损失都是自己的责任。我理解店长的心情，但如果担心丢弃，就会努力将商品尽量卖光，在进货上变得优柔寡断。

"若一日丢弃量达到 5 万日元，持续一个月的话，就会造成 150 万日元的损失——这将带来一个巨大的赤字。"基于这种担忧，下次他就会控制进货量。用刚才的例子来说，他会无视商品 B 的断货状态，想办法将商品 A 售罄。

便利店经营中最重要的课题便是,尽量减少所谓的"机会损耗"。为此,在开业三个月内,我对丢弃费用采取的是视而不见的态度。

半个月后,店长对我说:"店主,有这么多丢弃食品,这样真的好吗?这样一来,我们本月的利润就没有了啊!"我虽然回答说"完全不必在意,按计划执行",但他还会向我继续确认"我们要这样持续到月底吗"。在收到我肯定的回复后,他们才会真正放心。

开业一个月内,不管怎样,必须让顾客有"这家店不会断货"的印象。只要到店消费,就一定有自己想要的商品——这是最重要的一点。

将因丢弃产生的费用视为宣传费

刚开业的新店营业额都不会差。因为顾客逛店兴致盎然，商品也会比较齐全。但开店时即使日均销售额达到100万日元，不久后，通常也会跌落一半。若经营不善，有时甚至会跌落到30%。在销售额下行时，如何阻止进一步跌落就成了非常重要的一件事。

若所有商品品种齐全，来店光临两三次的顾客便有了"这家店不会断货"的印象。这时，顾客就会在脑海中将本店与迄今为止光顾过的其他店铺进行对比。

因为赶着上班，所以在沿路的店里随便对付一下。而下班时间就比较充裕了，可以好好逛一下。顾客若像这样想，也许就会选择光临我们店了。

店主与店长在开业后一段时间内，一直忍受着不得不丢弃过剩的过期食品的痛苦，也许还有人会抱着一个疑问，那就是此前一直光临的顾客真的会在新店开业后回来吗？

从我的经验来看，若认真做好了商品补货，顾客们肯定会慢慢回来的。一年后，别说是恢复到刚开业时的销售额，有的店甚至还会超过开业时的销售额。

本部的 OFC（店铺运营指导）了解销售额的下行规律，所以他们会鼓励新开店铺的店主："开业后的一段时间，无论是哪家店，销售额都会下降。现在是最需要忍耐的时期。认真补充断货商品的话，一年以后一定会见到成效的。"

若一味只想着"为什么我如此辛苦却没有利润"，就会陷入虽然维持了平衡但经济规模缩小的状态，店铺销售额也会一直维持在一个较低的状态。所以我认为店主及店长自己首先要认识到一件事：开业后三个月内的丢弃费用可视为让本店广为人知的宣传费。

单件商品应当随时进行价格微调

为确保商品不断货，不断重复"订货→调整"这一流程后就会积累大量的数据，对当地消费者特性也会逐渐了解。这样的话，三个月后商品订货就会基本上稳定下来。

要打造一个扎根当地的店铺，细致地检查每一件商品是非常重要的，这需要花费大量时间，也需要大量耐心。

"附近老年人较多，所以和式点心就可能比较畅销"，若做出了这个判断，那么和式点心当中哪种容易销售、哪种不容易销售，还需要一个一个地继续确认判断。如果知道软糯的100日元日式糯米团比较畅销，那么就增加进货量。如果到现在120日元的日式脆皮夹心糕还剩一个，那么就减少这种点心的进货量。

五年来，我就是像这样通过实践，向我的店员们教授如何处理商品的。便利店并不是千篇一律、完全相同的。毋庸置疑，店铺周边环境不一样，顾客不一样，进货的商品也不一样。

我经营的丰洲地区的店铺也是这样，所在位置不同，畅销商品也完全不同。比如站前店就会集中性地售卖各种饭团。

位于高层大楼里的晴海路店也有一定的饭团和便当，但咖啡会备货 700~800 杯。

而丰洲店的咖啡只备 150~200 杯。而且因为店里知道居住在高层公寓和公营住宅中的人们，在下班回家途中会过来购物，所以商品的品种较为齐全，不会让人产生"总是只有那么几样商品"的印象。畅销饭团有 10 种的话，丰洲店会再准备 5 种，合计 15 种饭团摆放在货架上任君挑选。因为即使某种饭团是顾客平时经常食用的，有时也可能吃腻。

店铺的使命，归根结底是为顾客提供商品、满足顾客需求。哪怕有新商品上市，店主和店长依然需要观察原有商品的销售走势动向，并预想这次的商品能卖到什么程度，再去检验实际的销售情况，最后进行订货调整。为了更精准地进货，只能不断重复这一工作流程。

新品必须自己先行尝试

感叹销售额低的店主中，有很多人不是站在顾客的立场上，而是凭着自己的喜好来订购商品的。

假如人手不足，又没有足够的时间进行详细探讨，有些人便会直接选择最畅销的10款饭团和15款便当。

若有5款新商品上市，就会凭感觉从中选择2款，用来替换最不好卖的2款。这样一来，剩下的3款新商品就根本无缘与顾客见面。但是，若这3款中有畅销品，岂不是可惜了？

如果是我，新品上市后我一定会自己先试吃一次。当然，我也会让负责人试吃，然后按试吃结果决定是否进货以及到底订购几个。假设我要销售奶酪蛋糕，那么可以在POP上写上："味道香浓，甜度得当的美味蛋糕。这是负责人的推荐商品哟。"我会这样自信地向顾客推荐这款新商品。

新商品上市时，本部会将该商品的相关宣传理念和销售要点等信息传达给各分店。

比如说，"豆腐酱油拉面"是一款女性开发的杯面。便利店宣传的是："绿色健康的食材，呈现原味极致之美的杯面上市了！豆腐带给人一种健康的印象，把它加入杯面中，在吃杯面时就能减少一些吃垃圾食品的罪恶感。"

确实，按道理来讲，可以这么去理解。但我们的判断标准只在于它是否美味。顾客是因为"够美味"才购买的，所以考虑到顾客的意愿来决定进货量，最终基本上与预计差不了多少。

在7-ELEVEn，虽然有一部分滞销品由本部消化，但7-ELEVEn做生意有一个基础原则，就是本部不留存货。因此，承担库存风险的其实是加盟店。所以即便本部强烈要求加盟店进行订购，但拥有最终决定权的其实是店铺。换句话说，正因为如此，本部才必须持续开发富有魅力的商品。

商品部开发的商品，如果质量好、味道佳，便会获得顾客的好评。实际上，据媒体调查，7-ELEVEn的饭团、便当、三明治、咖啡、关东煮、面类、沙拉等17种商品中，有15种商品都获得了"比其他便利店的同种商品更美味"的评价（《周刊钻石》2016年10月29日刊登的便利店调查）。

本店之所以好评如潮，是因为7-ELEVEn 95%的商品都是在专门的工厂里制作，从原材料的环节开始，整个制作流程都在严格的管理监控之下。还有一点，我们时刻谨记"再美味的食品都有可能吃腻"的道理，所以积极改进操作工艺，提升商品开发能力，追求商品品质。

例如，我们每年会改进饭团中的海苔和大米的品种、配比等，努力做出更美味的饭团。从2013年4月起，在仅4个月时间里，销售就突破了1000万日元，而在接下来的两个月又突破了2000万日元销售大关的"金面包"，从2013年开始销售到现在，在原材料、制作方法等方面经历过四次变更。高效的商品开发能力才是7-ELEVEn日均销售额高的源泉。

此外，7-ELEVEn各家店铺的平均日均收益为66.7万日元，比罗森（LAWSON）的54.7万日元、全家（FamilyMart）的52.9万日元，还要多大约10万日元（2016年上半期）。

分析销售方式就能明白流行趋势

新商品在被摆放至货架上时，单品管理的工作就开始了。首先要看商品的销售情况是越来越好，还是越来越差。这是为了检测出哪些商品虽然易销，但销量却在减少。若有销量呈减弱趋势的商品，那就边确认该商品的销售情况，边适量减少订购。

假设订购的五个商品全部脱销，下一次就订购七个。如果仍然脱销，我们就可以认为该商品的销售情况处于上升趋势。于是接下来，边增加少许订购量，边观察销售情况。

新商品经常容易一瞬间就卖光。用图表来表示的话，这种情况常被称为"铅笔"型。日本人喜欢新事物，虽然会被宣传广告吸引而产生购买欲，但若觉得商品不好，之后就再也不会买了。之前有时一天能卖十个的商品，从某一天开始就只能卖掉两个。想要尽早掌握这些情况，就得注意观察销售趋势的微妙变化。

认真观察每款商品的销售曲线，一边确保畅销商品不断货，一边减少滞销品的数量,这是单品管理的基石。

只是,作为一家与当地联系密切的店铺,还有一些商品,无论销售情况如何,都是不可缺少的。

比如说婚丧仪式用的红包、信封。这些商品的销售随机性很强,毫无规律可言。平常也就是一个、两个零散地卖,但若遇到当地举行丧事,就一下子能卖出 50 个。此时,若这些奠仪袋断货了,肯定会有顾客觉得"遇到如此重大的事,这家店却连奠仪袋都没有,真是太没用了"。这样一来,店铺就一下子失信于人了。因为店铺是为了顾客而存在的,所以这类商品一定要保证某种程度的库存量。

从长年的经验来看,在食品方面能保证不断货的店,也能卖杂货,而杂货店也卖食品。也就是说,顾客们对待商品比我们想象的更严格,他们会选择去一定会有自己想要的商品的店里购物。

畅销品与滞销品

虽说零售的要诀是,保证畅销品的持续供货,以新商品淘汰滞销品。但观察现有的消费趋势会发现并不全是如此。我学过的经营战略基础——ABC 分析理论已经跟不上时代了。

ABC 分析理论的内容为,计算各类商品在总销售额中的比例,由高到低,按所占百分比排序。在总销售额占比中最高的一些商品,其比例相加后若占总销售额 70%~80%,那么这些商品会被归为商品群 A;占总销售额 10%~20% 的商品被归为商品群 B;剩下的 0~10% 的则被归为 C 类。这样一来,如果 C 商品群在总销售额中只占 10% 以下,我们便可将其视为滞销品,淘汰后用别的商品来替代它。

但是,在现在这个时代,只靠两三种商品是不可能撑起销售额 70%~80% 的,只靠一种商品就妄想占据总销售额的 50%,可以说,这种拥有强劲销售势头的畅销品不可能存在。顾客们的购物喜好多种多样,易销品的形式也是五花八门。既不属于畅销品,又不属于滞销品的商品比比皆是,这是现在零售业的现状。

我将这样的商品称为"难销品"。看似易销,但也许无法畅销;看似滞销,有时却又能大卖。换句话说,我们很难把握商品的销售趋势。

这些年,这类商品越来越多。经过对消费者的调查统计发现,有一批支撑市场需求的热心、固定的粉丝型顾客。因此,我不能让满足这部分顾客需求的商品断货。

现在的畅销品是所谓的人气商品。顾客的购买动机就是源于艺人说的"好!""美味!"这样的推荐行为。尽管它们并非超级爆款,但有不少顾客会抱着一种试试看的心态来购买。

7-ELEVEn 的商品部门承认,在现在这样一个难以预测哪些商品能够大卖的时代背景下,消费者确实出现了这样一种变化。因此,推荐销售潜力大的多种商品,让店主自主选择,这样的操作案例越来越多。

而店里的商品变多的话,之前的商品就会滞留。因为货架上无法摆下所有商品,所以一般会在新商品中挑选六成左右进行订购。但若是未被选上的四成中,又确实有畅销商品的话,不但店方会懊悔不已,也说明店里的商品极有可能已经与顾客的期待相去甚远了。

于是,我想办法增加了货架上新商品的摆放空间,将商品部推荐的八成左右的商品都放了上去。不用说,这都是为了将"机会损耗"控制在最小范围内。

订单可以彰显店主的性格

有趣的是，订单上的商品能反映出店主的性格。现在，观察一家店铺的商品就可以了解到这家店店主的喜好。一般来说，店主喜欢的商品会被细心摆放，不喜欢的商品容易被敷衍对待。

商品若被细心摆放，顾客的选择范围就会增大，销售额也会比平均值高一些。反之，会低一些。

拿饭团来举例的话，除饭团内层的馅料外，从选材到包装，饭团的种类可谓五花八门、各式各样。仅是东京地区的 7-ELEV-En，饭团种类就达到了 40 种之多。这些饭团差异很大，顾客们也在追求符合自己口味的饭团。

白天，顾客若没有找到自己心仪的商品，就可能会去别处寻找。但到了晚上，顾客首先就不会考虑去可能缺货的店里购物。因此，保证店内饭团不发生断货的店，其销售额相对来说较高。不那么喜欢饭团的店主，可能看哪个饭团都差不多，于是在订购商品上会比较杂乱，从而导致机会损耗。

便利店的生命——"商店专属意识"

若去那家店的话,一定能找到中意的商品——这是顾客选择店铺的最大动机。怎样让顾客建立对店铺的信赖感(我们称之为"商店专属意识"),是我们工作的重点。可以说,销售额必然与订购工作密切相关。

订购与销售合拍是最理想的情况,但现实中,这两者每天都会有不合拍的情况发生,并非一切顺利。尤其是赏味期限[①]短的食品,特别容易出现丢弃品。为避免这一点,店方就会减少订购,从而引起断货,导致机会损耗。

我也是一样。店里欠款未还完时,我也底气不足。若我为控制支出而减少订购,导致断货的话,顾客就会认为"这家店没有我想要的商品"而不再光顾,店里也会陷入这一恶性循环。

对于店主来说,不出现丢弃的情况肯定好。然而另一方面,也必须防止机会损耗。我为了防止断货,会多订2%~3%的商

---

① 日本的食品保质期一般有两种,一种是赏味期限,一种是消费期限。过了赏味期限的商品仍能食用,只是口感较差。而过了消费期限的食品不能食用,食用后会影响健康。

品。这样虽然有可能出现丢弃,但那些丢弃是在认真研究商品、建立假说、进行论证的基础上得来的结果。要想减少丢弃,只能靠经验。

"肯定不会断货"的店,与"不知有没有断货"的店的差异,会在顾客的记忆中不断积累,最终形成顾客对两家店不同的"商店专属意识"(信赖感)。

假如能让顾客拥有对本店的"商店专属意识",即赢得顾客对本店的信赖,那么即使附近有竞争对手,也无须担忧。即使那个竞争对手是一家 7-ELEVEn 店,也没有关系,顾客对每家店的信赖程度是不一样的。在这个意义上,适当地丢弃是对将来的保障。

保证商品的持续供给就能获得顾客信赖,那么即使周边有别的竞争对手,顾客也还是会特意来店消费,这是销售的真谛。

现在,丰洲店后面的区域又开始了新一轮开发。居民搬离,顾客减少,商圈因此损失了 1/3 的顾客。我本以为销售额可能会减少两成,但事实上,销售额只是从每日的 200 万日元降到了 195 万日元,降幅几乎可以忽略不计。

搬到别的社区的居民因为"此处总是不缺我要的商品",会特意赶来。在感激他们的同时,我再次认识到,最重要的事情就是保持商品的持续供给,不能发生断货。

关东煮也是这样。最受欢迎的关东煮,排名前三位的是:

萝卜、鸡蛋和魔芋,当然不排除汤是这些食材容易入味的原因。但事实上,它们不是一开始就在店里烹饪的。一开始就在店里烹饪的话,每家店的关东煮的味道就会各不相同了。我们会先将食材加工好,再分别装袋配送至各店。然后,店里的员工将它们放入锅中,美味的关东煮才算做好了。关东煮,可以直接咬开吃,还可以吸着吃。因此,在锅中加工时,其放置方式是有一定章程的。而且,决定最终味道的汤汁是加入了干鲣鱼、海带等富有地域特色的食材后熬制而成的,所以好吃。

　　制作关东煮,一定要舍得下配料,而且如果煮的时间长了,也一定要舍得丢弃。虽然这会花费时间和精力,但请抱着丢弃的觉悟,将店里的锅塞满吧。努力销售出去了,新货才能补充进来,这样反而能降低丢弃率。

点心面包和吐司面包属不同种类

为了让顾客对店里保持新鲜感，我的店每周都会做各种努力来宣传商品。很多时候，我会把商品摆放在结账处的货架（这里多摆放着新商品以及打折商品）上，告诉顾客"我们有这样的商品"。因为店主、店员都对这些商品充满自信，所以顾客会慢慢地产生"选择这个货架上的商品肯定不错"的印象。这样的销售力度是很大的。

尤其是一款点心面包新上市时，若能将描述这款面包的味道、特征等内容的广告放在结账处货架上，它的销售额就会提升。这是我试验了多次后得到的结论。

很多家庭主妇喜欢面包，每天都在寻找美味的面包。有的主妇一打听到附近有手工面包店，就会马上去购买。若某家店口碑不错，哪怕距离很远也愿前往购买的，绝大多数是主妇们。

因此，在结账处的货架上介绍美味的面包，会让顾客抱着品尝一下不同面包的心态而买这些面包，这样就提高了面包的整体销售额。

或许大家会觉得很意外，销售额最高的商品是吐司面包。即使是在 7-ELEVEn，偶尔也会有吐司面包断货的情况出现。可以说，吐司面包是任何时候都很畅销的商品。尤其是 7-ELEVEn 的自家品牌"seven premium"系列中的"金面包"，只要您买过一次，肯定还会再买。

吐司面包是日常食品，我在新上市的点心面包旁，会特意放上吐司面包。于是，很多人在购买点心面包时，也会顺便购买吐司面包。

西式点心旁放上和式糕点效果翻倍

与上述的吐司面包和点心面包关系类似的是,和式糕点与西式点心。在货架上巧妙地摆放上和式糕点与西式点心的话,之前只能卖20个的点心会卖到50~100个。

现在,因为大家都认为顾客喜欢西式点心,所以几乎不在店里摆放和式糕点了。但我经过思考之后认为,和式糕点是有市场需求的,只是当地没有能够自制和式糕点的店而已。其证据就是,搭在西式点心旁售卖的和式糕点,其销售额在不断提升。

主妇们在购买西式点心时,若发现了大福[①]一般都会买下来,如果味道还不错,就会招呼更多人来买。

"京都有很多美味的和式糕点店,为了给店里备货,去京都一趟怎样?虽说要找和式糕点,但也不需要那种很特别的。因为它属于长期畅销品,所以找些让人觉得物有所值的、美味的就好了。"

这是名誉会长伊藤雅俊先生给我的建议,也是我的一个新发现,我意识到做事不能异想天开,想一出是一出。

---

① 夹心糯米团,一种和式糕点。

出售商品需要多下功夫

要想销售出更多商品，就必须多下功夫。

我们的墨西哥料理——玉米煎饼（用小麦饼皮包裹上大豆、肉、蔬菜、米等的一种料理），曾有过减价30日元的活动。本部指示过，最好在商品旁边写上"减价30日元活动"的POP，在店内做广告。

但我基于过去的经验对区域顾问说："要是在商品旁边写'减价30日元活动'，通常只能卖到销售额的两倍。"这时，我买来很多写着"减价30日元"的小贴纸，并将它们贴到了每一个玉米煎饼上面。这样一来，销售额一下子提升到了原来的五倍。区域顾问将这份销售成绩带到本部，本部也大吃一惊，随后下达了指示，让其他店铺都向我的店学习。

仅在商品旁边放写有"减价30日元活动"的POP的话，很多顾客是注意不到的。但是，在眼前的商品上贴上大一点的标签的话，顾客就很容易伸手购买了。

因为便利店要与其他竞争对手日夜竞争，所以想要宣传推荐商品、提升销售额，从卖场布置到陈列方式，再到 POP 上的文句，都得下功夫。

事实上，在便利店业界，认知心理学及行动经济学所证明的陈列技术的重要性，已成为共识。陈列方法是有规律可循的。比如，有一个被称为"黄金区域"的地方，它就在陈列架中央，很容易进入到顾客的视野中，顾客也很容易将这片区域的商品放入购物篮里。

以身高 155 厘米的女性为标准来考虑的话，距离地面 60～150 厘米的地方就是一片容易进入视野的范围。此时最容易吸引顾客注意力的地方，就是眼前水平视线朝下 20 度左右。若是陈列架，就是从上往下数第二排，主推的重点商品会放置在这个区域。

还有，顾客的视线是从左到右的，所以看便利店的陈列架中商品的视线就是，"左上→右上→左下→右下"这样的 Z 字形走向。于是，我采用了一种叫"三明治式陈列"的摆放方式。具体来说，就是那些尚未达到畅销程度，但我又很想将它们卖出去的商品，我把它们放到第二排的架子上，并在它们左右两边放上人气商品。

摆在货架上的同一种商品的数量越多，越能对顾客起到宣传的作用。经统计，在便利店，放 5 个的话能达到最好的销售效果。

本部也建了实验店，并在店里做了各种销售尝试。最近我注意到，在神奈川县川崎市的实验店里进行了一次挖掘女性顾客新需求的销售实验。

实验内容是：假设白天来店光临的女性顾客中，有人的长筒袜或是紧身衣裤破了，她会不会想马上换件新的？

实验店在卖场中贴上了"化妆室"和"换衣台"的标志，并在POP中写道："可以在洗手间换衣服。"然后，包含长筒袜在内的女性用商品被摆放到化妆品、洗涤剂等区，与男性用品用吊篮隔开。之所以这样布置是因为，有女性会担心周围若有男士会不好意思购买。

做了这样一番改变后，这家实验店2015年的销售额变成了2012年（开始实验前）销售额的3.6倍。

怎样应对雨天营销

我订购商品时,会考虑当日的天气、温度、湿度,还会考虑学校开放日、露天运动会、庙会及烟花表演等地域盛事,然后做最终的决定。

我的店铺后面的房间有一台电脑,我会一边看电脑里本部收集的数据,一边思考订购数量。但现在,我可以利用店头 A4 大小的标牌,根据现场实物直接决定订购品目和数量,在订购方面花费的时间大大减少了。

这个标牌与本部店铺综合信息系统相连,会显示出单品管理所需的必要数据。其中我最看重的信息就是天气预报。

是否下雨,是大雨还是小雨,这些都在很大程度上左右着顾客的来店动向。本部与播报天气预报的大型专业性公司建立了合作关系,掌握了比气象厅提供的天气信息更精细的小区域天气状况。我们还可以参照实况天气图和预报天气图,连台风信息也可以通过雷达图像进行瞬时捕捉。

雨水状况是用伞来表示的。如果伞的样子呈收拢状,表示下雨概率不到50%，每小时雨量不足7毫米。若伞的样子是撑开的，那么有50%以上的可能性会下雨，且降雨量很可能超过7毫米。

在三便体制①下配送的便当和副食等食品，最重要的是鲜度。为了提高订购的准确率，就必须确认能预测来店顾客数量的天气预报信息。

顾客一般不会在雨天出门，所以店铺的销售额会比平时降低一两成。商圈越大的店铺，其影响越大。

便利店会预见这样的雨天销售状况，很多时候需要减少一两成订购。不过，这样的方式也容易发生断货。即使是将之前的订购量减掉一成，也不是所有商品的销售数量都会降一成，所以发生断货的可能性就很大。

而周围的竞争店铺中若有很多商品发生了断货，那我的店就更不能过分控制订购量了。比如说，其他店要减一成订购量的话，我的店就只能减3%~5%。店员跟我说可能会产生丢弃，我会告诉他这是机会。

雨天出门买便当的顾客，若自己常去的店里便当卖完了，他很可能会不顾麻烦去往另一家店。"那里肯定有我要的便当……"这种印象会愈发深刻。

---

① 指日本便利店为保证便当等食品的新鲜而建立的一日内早中晚三次供货的系统。

如果这样，这个顾客在雨天时就容易形成"我常去的那家店里可能没有我要的便当，我今天就去另一家店吧"的思维定式。此时，若他也对其他商品感兴趣，从结果来看，本店就增加了一位新顾客，其对店里的信赖感也得到了进一步提升。

做生意有原理与原则

43年前,我的店铺作为7-ELEVEn的1号店开业了。那时,我曾被时任社长的伊藤雅俊先生(现为名誉会长)严厉斥责过。

因为对新事业充满了不安和期待,我干劲十足,甚至一度刚愎自用。在即将开业时,伊藤社长对我说:"我们按规矩来做吧。"我有意表现自己,于是回答:"不,用我自己的方法来做也没关系的。"于是,伊藤社长怒气冲冲地对我一顿训斥:"你的做法不可行!即使能行也得按规矩来做。这就是做生意。按你自己的想法来做,你还嫩着呢!"那时,我这个24岁的毛头小子还不明白他为什么那么生气。但现在想想,伊藤社长确实说得很对。

从业四十年后我认识到了,在卖场里,如果自己并非天才,那么肯定不会有什么独创性的方法。我实践着业界前辈们教我的方法,如果不通,就进行修正,直到重复数遍后,才能发现也许某个方法最适合自己的店。

经营便利店很辛苦。一天营业24小时,一年工作365天,而且只要没倒闭就得一直坚持下去,有时甚至无法出席亲近之人的婚礼与葬礼。

伊藤名誉会长自1946年从三菱矿业辞职之后,开始在母亲和哥哥开的旧式连锁洋货店帮忙。之后克服了艰难险阻,创立了日本第一的连锁商店。据说他的母亲是他生意上的老师。

伊藤先生作为掌舵人,活跃在当时处于零售业首位的伊藤洋华堂时才46岁。他曾著书阐述他的经营理念:

"做生意是永远不会感到知足的。或者说,我感觉在经营上的攀登是永无止境的。因为喜欢,就不会止步。不断前进的话,就会慢慢摸索到经营的诀窍,自己也会越来越自信。

对经营的探索是没有尽头的。你以为你已经很有心得了,但前方还有挑战在等着你。带着前一次完成挑战的喜悦和稍稍的自信,重新开始准备迎接新的挑战。(中略)

在小家庭式经营的店里,没有顾客来的时候,经常会有店员脱岗的情况出现。但是,我认为此时才是最关键、最重要的时刻。

在洋华堂,只经营服装生意的那段时间里,2月份和8、9月份,我是非常悠闲的。这段时间几乎没有顾客光临。但我想:若我这时换了别的事业去做,那之前的一切工作不都白费心血了吗?所以我在没有顾客光临的店中一直耐心地等待着。

而且,虽说没有顾客前来,我也没有坐下,而是一直站着迎客。到店铺打烊时,我的腿都麻了。但一想到特意前来购置衣物的顾客们,我就没法心安理得地坐着,更不用说抛下顾客,擅离职守了。

无论何时,店员都要保持最好的状态在岗迎客,这是做生意的第一步。"(伊藤雅俊《商人心得》,讲谈社)

第4章

待客心得

莅临本店的伊藤雅俊（左）名誉会长

将理想店铺变为事实的"四原则"

为了打造理想中的店铺,7-ELEVEn 总结了四大原则:

① 温馨服务

② 清洁

③ 备货

④ 鲜度管理

如果能够贯彻这四点,那么在顾客心中就会形成对店铺的独属信赖感。虽然看上去很简单,但说起来容易,做起来难。

温馨服务是指,对顾客要像对待朋友一样和善,要主动寒暄。顾客会觉得店员们的笑容和关怀令人愉悦。也就是说,顾客与我们之间会建立一种相互信赖的人际关系。

价格再便宜,商品或仓库里的货再好,店员不和善、不亲切的话,顾客也不会前来。满招损,谦受益。顾客满意才是最重要的。

清洁的原则是指，要保持店铺内外，尤其是厕所的清洁，以干净整洁的店铺迎客。若有脏污，须随时清扫。店里顾客再多，如果没有做好清扫工作，最终会失去顾客的信赖。有人说过这样一句话："店里的脏污，会成为最终留在店主、店长，以及所有店员心中的污垢。"

备货，指的是店方一直备有顾客心仪的或是富有魅力的商品。铃木名誉顾问一直以来都在反复强调单品管理。

若只是一味地补充畅销商品，店铺是没有前途的。所以应该与时俱进，寻找或开发新商品。换句话说，要敏锐地应对变化。

鲜度管理是指要确保店内食品的新鲜、美味。新鲜的食品让人吃得放心。

要想将自己的店铺建成一家理想的店，最基本的就是要贯彻这四点原则。还有，要想实现这一梦想，不仅需要抱有坚定的、要做好一家店的决心，还需要拥有"如何做才能让自家的店在社会中发挥更大作用"的志向。

若一味考虑赢利，而不考虑为社会做贡献，那么谈不上是拥有志向的。怎样做才能为社会、地区做贡献呢？我一直在考虑这件事，也一直在行动着。

我每天晨起先照镜子

在我店里,员工的换班时间是早上 7 点,下午 4 点,晚上 11 点。我要求员工们在换班时要大声唱诵"四原则",时刻谨记便利店的营业精神。这种行为也能让员工抱着"今天我也要加油"的念头,小心谨慎、精神饱满地走上岗位。

最初,是由店员们轮流做带头人,领着其他人大声唱诵,后来有人提出若由店主领头会显得更加严肃正式,所以之后 7 点的朝礼,就由我、店长或者副店长来带领大家唱诵了。

朝礼的内容如下:首先店长就本周打折活动计划与新商品的信息做出说明,再在我的带领下唱诵"四原则",最后反复念诵我们经常需要对顾客说的"谢谢惠顾,欢迎再次光临"这句话。

开始正式工作前,我还会强调一下当天应该注意的问题。比如我有时会叮嘱店员:"之前有位顾客来投诉,所以今天请注意些。"又比如,如果是雨天,我可能会嘱咐"今天下雨地滑,一定要小心擦拭,谨防顾客摔倒"等。这是为了让员工牢记顾客是上帝,但说得多了大家可能记不住,所以就对待顾客事项

113

进行简要指示。

唱诵和朝礼的时间为 5~10 分钟。其间，若店里人手不足，无人看顾，就会在休息室里的大白板上写下指示事项，让出勤的兼职店员知道。

有的员工一周出勤两日，有的出勤三日，出勤时间各不相同，即便这样，所有人了解到的信息都是一样的，要想让经营能力提升一个台阶，唱诵和朝礼是必不可少的仪式。

想打造一家理想的店，店主就必须做好心理准备，要"每日三省吾身"。我把开业初员工们教我的经验整理出了四点心得，我称之为"有志四原则"：

①热情（你喜欢这个工作吗？）

②努力（你每日在店里全力以赴吗？）

③坚持（只要对顾客好，即使稍微增加一点成本也愿意坚持下去吗？）

④勇气（你有勇气面对问题吗？）

从某一天开始，我早上醒来后就照镜子自省：自己昨天的言行、昨天店里发生的事情；自己的行为是否诚实、是否有误——我每天都会在镜子前面看着我自己的脸自问自答。有时我也会鼓励自己。令人不可思议的是，或许是这样能够客观地审视自己吧，有时候真的能从面相上找到答案。然后，也能从中看到今天应该做的事情。从那天起，每天早晨的三十分钟变成了我一天当中最珍贵的时间。

不会让顾客追捧的商品

开业至今 43 年，我越发懂得了"生意的基础是顾客，利润只是生意的结果"这句话的意思。

但是，我不是一开始就认识到顾客是上帝，店铺是因为顾客而存在这一点的。我感受到了父亲传给我的酒铺在经营习惯上的矛盾之处，将自己的未来赌到了便利店上。虽然我也喜欢接待顾客，但当时确实更多的是想提升店铺利润，希望家人的生活更稳定富裕。

所以，刚开便利店的时候，若收到顾客的订购要求或是抱怨，我还会在心中咕哝几句：我自己也不方便。回过头来看，当我的脑海中开始思考分析出现这些情况的原因时，我发现不知为什么，当时店里运转多数情况都不是很顺利。

伊藤名誉会长那时曾教导我说："你总是看重理论，光凭理论是无法在世间立足的。

"我有一些有关经营的想法，我觉得它们能够触及经营的根本。那就是请你想想'顾客不来''供货商不愿意供货''银行不给自己贷款'这几种情形吧。

顾客不管在哪里购物都是自由的。我们没有资格抱怨店铺附近的居民不来店光临。甚至,我们得从假设顾客不来的角度来思考问题。对供货商、银行亦是如此。

因此,我们必须重视信用问题。为了让不光临的顾客光临本店,为了让不愿意供货的供货商为自己供货,为了让银行愿意给自己提供贷款,我们每天必须倾尽全力。

信用的担保物并不是金钱或者物品,而是诚实、认真、真挚。只有拥有了这些品质才能获得顾客的信任。"(伊藤雅俊《从平假名看经商之道》,日经 BP 社)

第 4 章 待客心得

店铺是为了顾客而存在

我认识到店铺是为了顾客而存在这一事实,是缘于某一天晚上发生的一件事。

当初店铺所在地是一片填海造陆的地区,周边只有工厂和小区。所以,当时不管是本部还是我自己,都认为晚上 7 点以后就没有顾客了。但是,当我的店铺被周边人群熟知后,哪怕 7 点过后也有零散的顾客前来。

我对顾客开始生起一种感激之情,某天夜里,我一人在收银时,顾客突然增多,收银台前排起了一列长队。

我拼了命地快速敲打收银键,但队伍丝毫没有变短。我怕顾客等久了急躁,反而因焦急屡次出错。若是顾客产生不满情绪,甚至发生口角,该怎么办。

然后,排队的其中一名顾客对我说:"没关系。我们都不忙,我们慢慢等,你慢慢做。"听了他的话,我的眼泪不由得涌了出来。我当时深切地意识到,为了这样的顾客,我也必须让店铺获得信赖。

以自我本位经营开店，很难与顾客建立信赖关系。因为这样的人脑子里想的都是赚钱。

但若想着店铺是为了顾客而存在，经营情况会顺利得让人惊讶。从顾客的角度出发，来认真考虑这家店是否还值得光顾，我们为了让自己的店成为顾客还想光顾的店，就必须加倍努力。

闻名世界的本田技研工业的创立者——本田宗一郎，一直奉行"现场第一主义"。在制造现场，他常说的一句话是："不能再制造出顾客觉得麻烦的东西！"此外，他还曾说："做东西的话，就必须考虑跟这个东西长久打交道的人。跟这个产品打交道最久的就是顾客，其次是销售店的修理工，再次就是我们工厂的员工。明明自己是设计者，但与该产品接触时间最短的反而是我们自己。要一直站在使用者的角度去思考，不能设计让人觉得不亲切的产品。"

我便利店旁的小区，生活着一位腿脚不便的老顾客。因为那片小区没有电梯，所以我让我家店长亲自去送他买的商品。

他回来之后，我对他道了声"辛苦"，并问了他送货的情况。他回答说："确实有些辛苦。但那个年龄的话，确实没办法将一箱水搬到楼上。回来的时候，那位顾客很郑重地向我鞠躬致谢……我也觉得很高兴能帮到他。"

顾客的笑容对我们来说是莫大的财富。

给我们发工资的是我们眼前的顾客

在我店里，每位兼职店员接受完朝礼培训，从休息室走到店里时，会再次诵读朝礼上的寒暄语。

"收银尽可能又快又准这件事确实重要，但一定注意不要对顾客失礼。因为大家的报酬是顾客给的。尤其是在收银台前站着时，顾客就站在眼前。请一定不要忘记，对顾客要有礼貌，而且行动上要利落。"

虽说如此，忙起来的时候，也会有顾不上的时候。在朝礼上讲得让人耳朵生茧，也是为了无论何时，身体大脑都能形成惯性，以便让自己以最自然的态度接待顾客。

不让顾客在收银台前等待，在便利店看来，是尤为重要的事情。

刚开业时，按美国的规定，每家店只能分配到两台收银机。但是开店越久，顾客越多，等着结账的人也多了起来。于是，我向本部进言，希望能再增加一台收银机。后来本部问我："山本先生，按规定每家店只能配备两台收银机。您要再增加一台的话销售额能得到提高吗?"

我毫不犹豫地回答:"是,会的。"后来本部又问:"你哪里来的数据能证明呢?"

确实,我没有证据能证明再增加一台收银机就能提高销售额。但是,一天24小时,我每天在卖场,直觉告诉我就会是这样。终于,在我的死缠烂打之下,我借到了一台收银机。结果就是,凭借三台收银机,我的销售额提升到了原来的1.5倍。

站在顾客的立场上去思考的话,会发现等待结账是最讨厌的事情。

现在有的店里,收银机甚至达到了四五台,有时却只有一两台在工作,顾客们当然烦躁不已。如果所有收银机都在全力运作,结账队列就会前进得很快,对于等待的顾客来说,就不会那么难熬了。还有一些店,明明排队结账的顾客有很多,店员却不另开一台收银机,反而在店内做其他工作。

除了"不要失礼于顾客",我还希望店员成为那种能及时应对顾客问题的人。7-ELEVEn的"四原则"之一是"温馨服务"。

顾客购物时,如果店员应对及时就会觉得身心愉悦——我指的就是这样的店。真称得上广告词说的那样"7-ELEVEn就是好心情"[1]了啊。

理想的情况是,店里全是那种观察到顾客态度、行为后能

---

[1] 这是一个自1976年起一直持续24年的广告。

马上准确应对的店员，然而事实并非如此。但如果收银员中有一人有这样的能力，那么所有人的待客态度都会变得更好。实际上，我一直惦念着要在收银处安排一位能笑着说"欢迎光临"的人，因为我认为他必然能够带动其他店员，用最自然的态度来欢迎顾客。

我店的员工录用条件

成为 7-ELEVEn 的加盟店后,我的人生发生了很大的改变。我现在认为加入 7-ELEVEn 真的很好。我想与大家一同分享我的感受,这是从十年前就开始的念头。

于是,我店里招聘店员时,就开始只录用那些想要将来经营便利店的人。面试的录用标准有两个:一个是将来是否想成为店主,另一个是是否能协调好工作中的人与事。总而言之,若只是单纯地想找一份工作,原则上我是会拒绝的。

便利店是二十四小时工作制,全凭店主一个人熟练掌握所有业务是不可能的。因此,必须借助店主夫人、兼职店员的帮助。此外,还需要一个能为自己的经营事业提供建议、意见的伙伴。

我当初开业就有值得信赖的夫人和弟弟帮助我。之后,我录用了有潜力成为店长的员工,在他熟悉了各项工作后把他提为店长,又将店铺交给他管理。现在,我经营六家店铺,也有了六位店长伙伴。

然后，就是设立一套统辖所有店铺的机制，并强化它。

如果是被定为店长候补的店员，我肯定会找他谈话。这也是我做生意的心得。其中有一条就是，"不能一味追求利益，要磨炼出富有正能量的商人气质"。要努力将顾客奉为上帝。这样的话，结果就会收获利润。

做好领导吩咐的事情确实很厉害，但我想培养的是能将自己的思想付诸行动的人。因为要成为店主，自己就必须能做所有的决定。

另一条就是，对顾客、店员都要体贴关照。不能凭个人喜恶表扬或批评店员。虽然不能说出口，但可以对他们说："你的肢体动作、手势、行动，大家都看在眼里。"

工作场合严禁偏袒

店主虽然拥有包括店长在内的所有职员的人事权,但店员的裁量权归运营责任者的店长所有。

我见过好几个店长,他们都喜欢按自己的喜好来评价店员,比如说某位兼职店员比较好啦,想用某位打工的学生啦。若有一天人手不够,就要由店长、副店长一起商量变更排班、招聘新人的事情,但此时若偏心太过明显的话,整个店铺的氛围就会变得沉闷,员工甚至会渐渐地对本职工作都敷衍了事。

时薪也是由店长决定的。

"明明我一直都在努力工作,为什么他的工资就那么高?""为什么上日班的他比上夜班的我工资还要高?"出现诸如此类的抱怨时,我会鼓励这些店长:"店长如果不打起精神,就会被店员看透实力。你可以去观察别家店铺的店长。若别人能力很糟糕,那么就把他当反面教材。若别人的方法很好,则要学会借鉴。你要认识到,任何事情都有学习的价值。迷茫的时候要全力发挥能动性,自己去判定和决断。然后再接再厉让自己变得更优秀。"之后，我还一定不会忘记拜托他们："为了筹备下一家店，我希望你能帮助副店长及店员提高他们的实力。"店长的能力如果得到提高，店员的接客能力也会增强。店铺若运转健康，那么开新店的话题肯定会提上日程。时机到了，机会自然就来了。

我还发现，男性店长和女性店长对店里的"品牌信任"有着不同的看法。

若我每天到店里打卡，男性店长可能会觉得"是不是老板不信任我才每天过来检查"，所以我会隔天去一次。而如果是女性店长，我若三天不现身，她肯定会觉得"是不是老板根本不看重我们的店"，于是，我就每天都会到店里转转，问上一句："今天怎么样啊？"或："新产品的市场反应怎么样啊？"然后，对方就会认真向我报告"发生了某某事情""该产品只卖了一个"等。

每个人的性格都不尽相同，无法笼统概括。但从经验及现实情况来看，女性一般容易出成果。

比如，附近若新建成了一家同为竞争对手的店铺，女性发现后，会更快向店长说明这一情况。若要求她们忠实履行便利店的经营准则，为顾客提供良好服务，女性员工也会完成得很好。另一方面，男性店长会更愿意把精力花在提升营业额等目的明确的事情上面，而对于守成的工作一般缺乏热情激昂的劲头。

店长与副店长

因为拥有好几家店铺，所以在经营上，我在我的每一家店铺都设立了一位店长和一位副店长。我希望能获得"1+1=3"，或者是"4"的翻倍效果。

所以我每月都会定期召开一次店长会议。在听取他们对新产品的意见后，还会召开一次副店长会议。副店长是店长与店员之间的纽带，也是夹在两者之间的人群，所以若同为副店长，就能放下顾忌交谈。有些话，他们不会在店长与店员面前提及，却可以毫不忌讳地说给店主听。所以店主能从这里获知很多信息。

从订购能力到接客能力，副店长和店长的实力差距是很大的。尽管如此，随着他们对业务越来越熟练，抱着想要自己独立开店的念头、努力奋进的副店长，成长为店长的速度是很快的。

便利店经营中最基本的两种工作就是订货和接待顾客。店长、副店长均要出席每月一次的例会。例会上讲的内容就是将这两项工作贯彻到底。尤其是接待顾客时，必须让身体形成自然的条件反射。

依托于家庭妇女生存的便利店

本部寻找加盟店合作伙伴时,在审查过程中会尤其注重对合作伙伴妻子的考察。

我从便利店的发源地——美国认识的 7-ELEVEn 的店主那里,学到的是"要善待妻子"这句忠告。实际上,妻子要做家务,要带孩子,还要在店里帮忙,妻子的担子很重。

因此在便利店经营中,夫妻间的关系是最重要的。若夫妇间关系紧张,就会对很多方面造成影响。比如排班不畅时,往往就会发生争吵。

兼职店员若因病不能上班,只有一日的话还能应付过去。但请三四天假的话,肯定就得有一个人来把他的工作顶上。可是,一般在店铺开业之初,经费不会很宽裕,通常来说,再请一位店员是不太可能的。所以,只能请自己的妻子顶替一下。当然,这几天妻子会非常辛苦,她所承受的压力会转变成不满,继而向自己的丈夫发泄。

洗衣、做饭、带孩子……妻子被家务包围,只能在固定的时间来店里帮忙。在达到极限后,说出来的话便是:"为什么我要这样辛苦地工作?这家店难道不是你要开的吗?"

然后,她对店员说的话也可能充满了火药味。店主每日的行为,店员们就算不说,也会看在眼里。那种微妙的气氛肯定也会传达到消费者身上。这样一来,就引发了一连串负面效应。

为了不让这些情况进一步发展到分崩离析的地步,在决定成为加盟商时,夫妻俩应该提前商量好,做好心理准备。

当我感觉到可能会发生这种危机时,我马上就会采取挽救措施。若梦想是太过缥缈的空中楼阁,那肯定会时常因为现实的落差而受到打击。说得夸张点,店铺经营是与家人一起从事的毕生事业。当矛盾出现的时候,夫妻二人都要想想失败的事例。冷静下来后,再考虑一下接下来该怎么办。

两人一天中至少要共同进餐一次

我的妻子良子是她娘家的第五个女儿。岳父按时下班,每天几乎会在一个固定的时间点与全家一起吃饭。所以他都不知道做生意的人是怎么样生活的。

生意人的生活与白领绝不相同。人们在工作清闲的时段错峰吃饭,吃完后立刻迅速回归工作岗位,因为不知道顾客会何时光临,而我们绝不能让顾客空等。我之前过的就是这种生活,而妻子在我们开始一起经营 7-ELEVEn 之后,也过起了同样的生活。

然而,店铺开业几个月后,妻子对我说:"不能跟你一起吃饭,真寂寞啊。"我想着:"你嫁给我之前难道不知道过的就是这种生活吗?"但是,妻子接下来的话让我的心一阵刺痛:"难过的是,我们好像没什么机会说话了。"

在那之后,我会让我弟弟或者店员顶替我一个小时,用这一个小时与妻子共同进餐。我们一边吃饭,一边聊天。即使不用详细说明,我们俩都知道对方对店铺的事情很上心。所以,我一说"我想做这个",她马上就会回应。

与合得来的人共事,工作就会事半功倍。从那之后,我一天与妻子至少会有一次共同进餐。

便利店没有周末休息的说法。妻子一年到头都在店里工作,压力大是肯定的。如何释放压力呢?以我为例,就是一年进行两次温泉旅游。如果可以,就约上几对夫妇一起去,因为妻子们有共同话题可以聊。只要她们知道不是只有自己面临这样的问题,心里就会好过很多。

要想成为加盟店的店主

现在想成为 7-ELEVEn 加盟店有两种形式。一种被称为 A 模式,我就是通过这样的方式,即店主用自己拥有的土地、房屋进行店铺经营。另一种是本部若觉得此地有经营前景,就由本部选择土地、搭盖房屋、招聘店主,再开始经营店铺。这种方式被称为 C 模式。

以前,还有一种本部准备土地、房屋,加盟者自己负担装修和租金的 B 模式,但这种模式难以跟上时代变化的脚步,现在被淘汰了。

开业初期,是由 7-ELEVEn 劝说最适合经营便利店的酒铺、米店、面包店、肉店、蔬果店、干货店等店主加盟。但 7-ELEVEn 出名之后,加盟店增多了,再以这样的方式拓展新店就变得比较困难了。而且,7-ELEVEn 看中的土地,后来不断上涨到凭个人的资金能力无法承担的地步。而且新建的商业大楼等,也只愿意租借给有法人的公司了。

于是,本部绝大多数情况是租下店铺,装修好后再招聘店主前来开展经营。相信这种 C 模式今后会越来越多。

在我开始偏重录用将来想要独立开店的人之后不久，在 2007 年，加盟店的开店规则发生了变更。在这之前的规定是，从第二家店开始，加盟商只能以 A 模式的形式开新店。但自此之后，就改为也能以 C 模式的形式开新店。不只限于从白领跳槽出来的人，有经验的 7-ELEVEn 店员及其他经营者，都可以成为本部新开店的店长。

因为这一规定，高密度集中式开店模式，给旧店主们带来的不满也逐渐消失了。尽管各位店主非常理解高密度集中式开店的优势，但当自己的商圈内建起新店时，还是担心自己的店铺收益会降低。然而，这一次在自家店商圈中诞生的是 C 模式的新店。毋庸置疑，有志向的经营者肯定会抓住此次机会的。

意识到加盟店的战略性及远大前景的地方店主中，很多人拥有好几家 A 模式的店铺。我也曾经想再增加几家这样的店铺。但是，当住在城市中的我准备好了土地，想开第二家的时候，发现资金已经不足了。当时，只要获得本部承认，就能以 C 模式再开一家店。店主的出资资金只要 250 万日元。

需要五到十年的准备才能独立

2006年,丰洲三丁目建起了石川岛播磨重工业(现在的IHI)的新公司大楼。我认为他们是有消费需求的。于是,我在这栋大楼一楼,以C模式的形式向本部租下了一家新店,并在2007年开业了。开业之初当然也有过不安,一年过后就放心了。面试店员时,若我觉得某人合适,我会对他这样说:"请你用五年到十年完成独立。为此我会全力协助你。而你只需要每月存上4万日元,作为独立开店的一部分必要资金。"

每个月,我的店里出2万日元,你本人再拿2万的话,共计4万日元,一年就是48万日元。工作五年的话就是240万日元。几乎是C模式的加盟资金了。

我们这种店没有成功商人那样的成功报酬制度。工龄再长也有一个上限,工资肯定会有一个峰值。于是,我将店长、副店长的工资向店员公开,让他们建立起自己的未来目标。而且还指导他们成长为店长、副店长。所以,目前我的店里没有人辞职。

我的店里，自开业初就在此工作的元老级店员现有 6 人。现在全成了日售 90 万至 100 万日元的旺店店主了。

在 7-ELEVEn 中长期工作过的人，正因为比白领和中途跳槽者了解更多经营便利店的知识，所以一上岗，就可以比其他人更快地发挥作用。

对经营者有利的一点是，早期 7-ELEVEn 加盟店的合同规定有 3% 的刺激性奖励。所以在分配利润时，比一般的 C 模式的店主高出了 3 个百分点。

为拥有一家自己的店

有的店长在我的店里取得一定的业绩后,会希望我与他签订委托合同,将那家店真正地交给他经营。结果,他就会以 C 模式的形式成为我店里的店主。当然,这种经营形式是由我承担全部风险责任,他的负担没有那么大。

对于这样一些当了一段时间的店长后,想以 C 模式形式独立开店的人,我会先实地考察。然后再告诉他我对这家店铺发展前景的看法。待开店诸事宜确定下来之后,在开业初的一两个月的时间内,我也会和他一起共事,帮忙分担商品订购等工作。从我们的团队独立出来有三大优势:

第一,都能享受到我们团队所有人对他提的建议。

第二,人手不足时,相互帮助(店员突发感冒请假时,我可以派遣附近得力的店员前往顶替)。当然,这两大优势的前提条件是两家店的距离很近。

第三,从我们团队独立出来后,万一失败的话,还可以继续回归到团队中。

第 5 章

全力以赴

当地节日活动时，站在店门前自得其乐的我

扎根当地

我的店作为 7-ELEVEn 的加盟店 1 号店开业,已经有 43 个年头了。现在,我在丰洲经营 6 家店铺。2017 年,我还想再开一家店,这一切当然多亏了本部的强力支持。

如果我这次依然成功,那成功的秘诀到底在哪里呢?已经拥有加盟店的一些同行,还有正在考虑要加盟 7-ELEVEn 的同行,经常问我这样的问题。

我那时没有可以帮助我经营便利店的前辈。最初,我感到自己是摸着石头过河。我不停地追问自己:这究竟是一种什么样的经营方式?我也一直在思考着,怎样可以减少对未来的不安感。

具体来说,就是尽可能地不去贷款。有贷款的话,即使想要尝试新鲜事物,也无能为力……内心若有这样的不安感,便很难再踏出一步了。

所以,无论我手头多么紧张,都是拼命工作以偿还贷款。我不会优先改善生活条件:如果收益超过了预期,我会存起来,然后毫不犹豫地去还款。所以,我在开业三年后就还清了贷款。还完贷款后,肩上的重担卸了下来,我心情变得非常轻松舒畅,对店里的工作也更加积极上心。来店光临的顾客数上升、销售额上涨都是那个时候开始的。

我是土生土长的丰洲人。我能长期在这片土地上经营,是缘于当地居民的支持。

Seven & I 的企业行动指南中有这样一句话:"企业身为城市中的一分子,应当为当地社会和国际社会的和谐共存做出贡献。所以,努力为当地做出贡献是便利店的使命。"

"一生悬命(赌上一生的性命)"这个词在日语中是拼命、努力的意思。它来源于中世纪武士被主人授予土地时,武士向主人发誓,哪怕赌上性命,也要保卫好土地的"一所悬命(将性命绑在一处地方)"这个词。便利店要想扎根当地,成为与当地密不可分的存在,就要如字面所说的"一所"那样,成为对当地社会有用的存在。要实现这一理想,只能通过不断地拼命努力。

经营店铺时,会碰上各种各样的纠纷,还必须关注一些影响当地生活环境的问题。

比如说垃圾问题。笼罩在便利店"便利"的阴影之下,与便利店的"便利"优势相伴而生的,通常是垃圾问题。随意丢弃空便当盒、垃圾袋、用过的一次性筷子、塑料瓶、空啤酒瓶……这些垃圾散落在各处。

以上问题最终都归结于，包括我们在内的、当地居民的环境意识问题。解决这个问题符合我们 7-ELEVEn 对当地做贡献的宗旨。作为 7-ELEVEn 的店主，我一直都在积极参加当地的环保活动。自 1992 年开始，各地的 7-ELEVEn 店门前都开始安放大垃圾箱。

还有人投诉说在深夜，便利店前常常聚集着很多年轻人，让人非常困扰，而这些年轻人也知道自己对店铺造成了困扰。这种时候，店主就要有一个良好市民的自觉，鼓起勇气，向年轻人展示出愿与他们真诚对话的态度，相信自己的行动必然会获得他们的理解。

给即将开店的人们的寄言

谈到对这片土地的感情，和在本部选择的土地上开店经营的 C 模式的店主相比，原本在这片区域就有地有房的 A 模式的店主的感情应该是更深的。因此，他们做生意的方式当然也是不一样的。

我所熟知的 A 模式的店主，为了加入 7-ELEVEn 而将自己的店进行了重新装修，并把自己的全部家当都投了进去。总体而言"我一定要成功"的心情是非常强烈的。说得极端一点，若是失败了，就什么都没有了。所以有时哪怕是自己掏腰包，也想要招呼更多顾客前来。

此外，很多店主都是从酒铺、米店、蔬菜水果店等小摊、小店转行而来的，比起由公司白领转行而来的店主，他们更习惯与食品生意打交道。因此，他们能领先一步看透哪些商品可能是畅销品。而且，他们能抓住地域特征开拓商机。也就是说，他们能将 7-ELEVEn 提倡的"重视地域特性的商品制造和产品备货"更高效地进行实践。这就是所谓的"能够彻底挖掘地域特征和市场需求,并能深入分析、精准应对的店"。

另一方面,C模式的店主正因为是经本部选定后,被安排到该地经营的,所以对当地知之不详,这是其弱势。但随着工作经验的不断累积,这一点是有可能克服的。对当地不熟,反而有时能进一步促使他提高实力。

与A模式的店主不同,C模式的店主不会去考虑让孩子或者店员继承店铺的事情,而是会制定别的目标,并朝着那个目标不断努力。

比如说,如果有人将来想自己开一家某种风格的小店,那就以此为目标开始存钱。要知道,便利店经营既是努力实现梦想的过程,也是一种学习。朝着梦想努力踏实前进是非常重要的。

当然,要成为C模式的店主,必须通过选拔。然后,只要凑够250万日元的加盟资金,不用贷款也可以成为7-ELEVEn的经营者。这对那些喜欢跟人打交道,而且喜欢自主决断工作的人来说,是最适合的工作了。

达成预期目标能提高工作动力

做一份事业什么才是最重要的呢？很多时候看上去理所当然的，实际上困难重重。我认为我们应该快乐地工作。要做到这一点，就应该做到铃木名誉顾问曾经常常挂在嘴边的那句话——多关注，多思考，踏实工作。

订购新商品后，该商品的销售情况——比如哪个时间段好卖，男性消费者多还是女性消费者多，消费者年龄层次等，是我最喜欢观察的内容，这也成了我的习惯。然后凭借对这些情况的分析，去验证自己之前的想法是否正确。

之后，再根据经验思考下一次的新品订购、陈列布置及POP广告。做这些事情我一直乐此不疲。因为销售额与利润呈正比，所以如果现实达到了预期，人便会有一种难以言喻的成就感。自然而然地，对经营的热情就更大了。

想开C模式店铺的人，参加研修后，到了实际卖场，很多人可能会不知所措。开店后至少一年内，我希望这些店长都能做到一刻也不停歇地努力工作。一开始就摆老板的架子，将所有事务放手不管，新店是不太可能运转良好的。

经营多家店铺时，一定要安排充足的与店长们碰面的时间。我有6家店，我每天至少要去一家店里。因为我怕如果自己不在一线工作，顾客的期望会与我的感知产生差距。要知道，错误订购的原因多数就在于这种差距。

我说过，我们加盟店与本部是共存共荣、如同夫妻一般的关系。7-ELEVEn有很多经验丰富的OFC（店铺运营指导），还有充实的商品群。我相信，只要遵守经营准则，必定会取得成功。

假设与验证须日日不辍

我们来谈谈开新店时第一件事要做什么。如果是我,我会先确定店员的分工,收集当地节假日活动日程、学校运动会等信息。接下来,调查家长是否参加学校活动,雨天的话又会怎样等,尽可能详细的、过去的信息。

比如,半径 500 米的商圈内有数十名小学生,数日之后开运动会的话,再加上参加的家庭,那天的畅销品很可能就是饭团、便当、三明治、果汁、零食等。在接受了 OFC(店铺运营指导)的建议后,我开始将目光锁定在个别几款商品上,并思考进货量。当然,我也考虑了出现丢弃损耗的可能性。但最重要的是,顾客光临时,我们必须拿得出商品。每天我都在重复假设与验证。开业一年内,我一直都在做这样的事情。

开业后,我学到了:人工费、丢弃损耗、商品损耗(因商品检查或是盗窃等原因造成的商品损失)是店内三大经费。但当时没有告诉过我,人手不足时产生的招聘费等意外支出该怎么办。实际上,对于这些不用着急。

我也知道，为防范风险，应当尽可能多招一位营业员。待他熟悉打扫、摆货、库存确认等辅助性的工作后，万一有谁突然不能上班，这位员工都能顶上。即使是在店员稳定出勤、店内事业一切顺利时，也要优先考虑人工费等，保证店铺的条理化运营。请大家注意，一定不要把顺序弄反了。

店员的工作动机不仅是工资。还包括工作的舒心度、自己感受到的劳动价值。此外，在这家店工作能否为将来自己开店提供经验。要长期雇用员工，店主必须对他们的工作动机有所了解。

来我店里打工的高中生，有好几人都在结婚后选择以兼职店员的身份继续来店工作。向他们询问原因后，他们回答："因为在这里工作很愉快。"在我店里工作不会遇到不合理排班的情况。此外，店里还会在促销等各种工作上全力支持他们。他们比新入职的人懂得多，工作也很利索。这样的兼职店员是我店里的宝贵财富。所以，夏冬之际，结合他们的实际工作情况，我会发一次奖金奖励他们。

注意危险的应聘者

店铺开张时，尤其要注意的是谨防招聘违法犯罪人员。还未适应店铺运营的店主或店长很容易卷入此类事件中。我认识的一位店主就遇到了这种倒霉事。

那人说自己拥有便利店的工作经历，趁着那位店主开业期间繁忙慌乱，没有闲暇时间考察自己，便顺利地被招到了店内。确实，他很有经验，对加盟的组织结构也很熟悉，工作上也很适应。所以，那位店主毫不犹豫地信任了他，甚至认为这人收银很棒，也很熟悉信用卡支付操作，是个人才。

而且，他对深夜出勤也没有表现过抵触的情绪。因张罗开业身心俱疲的店主，慢慢地将工作转交给他后，自己休息去了。

然后，这位店员的同伙瞅准时机，伪装成顾客的样子，在客流量较少的时间段来店，里应外合，将货架上的大量商品偷走。

为什么没有立刻发觉这个人有问题呢？这是因为，那个同伙确实在收银台前为半数商品付了账，付了账的商品金额与收银台的记录金额是相符的。直到几个月后，盘点库存时才发现，账簿上商品仍然记录在案，而仓库里的大量商品消失不见了。此时为时已晚，因为他已经辞职了。

本部已经在店内装了摄像头，指示我们要注意保管商品和现金。但对仓库的商品就无法顾及了。

第二代加盟商在开新店时，常常会先来我店里进行一周左右的研修学习。我便会在那时告诉他们这件事，并告诫他们，招聘时一定要注意防范这样危险的应聘者。

有志者，事竟成

闷头猛干一年后，很可能会出现很多之前不明白的东西。

我从年轻时就开始经营店铺，无论干什么都喜欢穷根究底。我想将在大学学的经营方面的知识用于店铺经营，在行动之前，我倾向于先动脑筋。然而，现实中，很多东西是没有道理可讲的。

我认为某样商品不会畅销，结果却与预测的相反，它卖得很好。我越发深刻地体会到，在便利店经营中，没有比先入为主的思想更危险的东西了。即使是现在，有时候我仍然会订购一些无法预测是否能畅销的商品。这种时候一定得想着：这种商品可能会大卖。

开店后一年，在送购物完的顾客出门时，若还能想着"这家店之所以存在是缘于当地顾客的支持"，那么这家店就已经走上了便利店经营的正轨。但即使是这样，也不能说它已经被周围的居民熟知了。要想被顾客喜爱、做到扎根当地，最重要的是要具备"有志者，事竟成"的毅力，真诚对待顾客。

若你重视顾客，并决定继续在此地做生意，你会意外地发现你能得到很多人的支持。

我是从对酒铺进行改造的小店，开始走上便利店经营之路的。改造装修时，建筑商就告诉我，五年之后店内会出现电量不足的情况，他建议我尽早重建。我还记得当时那大受打击的心情，因为我为准备开店已经借了很大一笔贷款了。

我都不清楚开便利店究竟是否有前途，现在又得筹措一笔重建资金。五年后若没办法返还最初的贷款，该怎么办呢？我不安极了，整天想着这件事。

那时，街道上长期经营一家店铺的前辈，这样鼓励我："你若诚心诚意地做生意，那么即使店里硬件设施稍差也不要紧。重建的事情就走一步看一步吧，以后再做也不晚。"

他还教导我，最开始的愿望若是"只要赚钱就好了"这种利己主义的经营理念，以后肯定会跌跟头的。

开业后三年，我想的是："店里是不是获得了当地居民的认同了呢？"三年过后，接下来的目标就是，五年内让经营情况稳定下来。

十年无借款经营

有借款的话，心里就会有负担，无论做什么都会变得消极。我认识的一个人，他没有积极偿还借款，过得总是不那么顺利。

有人认为，借款是为了事业的贷款，按规矩偿还的话，会转为实际效益。因为迟早都会还的，所以在业绩好的时候尽早提前返还，不是更能无贷一身轻吗？

还有一些店主在业绩上升时，就想改造兼做自宅的店铺。虽然他们想着这种好的经营业绩应该会一直持续，但讽刺的是，有时候新店铺落成后，经营状况反而恶化了。

1974年我开业时，正值第一次石油危机。经济状况一落千丈，甚至出现了一个词叫作"狂乱的物价"。贷款利率是9.8%，商业贷款返还的最长时限为7年。现在看来，当时的条件严苛得让人难以置信。我对银行抱怨利息过高，结果银行回复我说，他们给新日铁（现在的新日铁住金）贷款的利率也只是9.4%，其实我的店铺还受到了优待。之后，就没有下文了。我三年内就还完了借款。我现在仍然记得当时还完款后，无贷一身轻的快乐心情。因为必须将税金扣完后，才能将剩下的利润拿去还贷款，所以要付出双倍的努力去工作。

还清借款的好处是，不只是财务，精神上也会更为轻松，连做生意都会变得更快乐。还有一点，之前像是在为银行工作，今后就能全身心投入为顾客服务。经营的选择范围也扩大了。

如果经营顺利，现在能拿到比之前更低利率的贷款，但最好还是不要去贷款。即使有必要贷款，也要在确认保证返还本金后的现金流充足的情况下，再做决定。

2号店注重高级人才

即使经营稳定,也要考虑到今后周围可能会增加竞争店铺的情况。为了确保自己的经营商圈,是不是可以把经营多家店铺纳入到选择项里呢?只是,现在的店即使运营顺利,也不代表同样的方法适用于2号店。因为两家店的地理位置和周围环境不可能完全一致。同初次开店一样,一定要分析可能发生的各种情况,然后全身心地积极应对。

2号店的运营若无法稳定下来,当然也不能开3号店。能否开多家店铺的关键在于,2号店是否能够成功。

我在2号店中倾入了所有的精力。我给它配备了我当时遇到的最棒的人才当店长。我把同我一起工作的丰洲店店长派往了2号店,而将丰洲店交给了副店长。一般在2号店开业时会委任1号店的副店长。但我认为,将副店长派往新店铺是一场危险的赌博。

副店长之前都在观察店长的做法,若让他第二天做店长的工作,他应该也能胜任,因为顾客没有大幅度的变化。但我将最有实力的丰洲店长派往 2 号店，是因为他要在一个全新的环境下开始经营。我送他的时候对他说："我想请你把 2 号店带上正轨，将该店铺打造成持续盈利的店。当然，我也会帮助你的。"

新店开张的 48 小时，我与店长一起工作。我们站在店门口，观察各个时间段的来客层次，以及哪些商品较为畅销。或许有人会想，等一会儿去看一下数据资料就好了，但实际上，如果不自己亲身体验、亲身经历，就不知道订购时具体要订购什么，订购多少。

最后可能会出现与自己的预想完全不一样的结果。比如，主妇来店购物的人数比想象中的多得多，这种情况下，我马上会决定将主妇喜欢的商品增加两三成进货量。

集中耕耘一家店铺，还是开拓多家店铺经营

同时经营多家便利店的店主中，有人最近很困惑。前几天，一位来自福岛的便利店主想与我谈谈，我同意了。他问了我这样的问题：

"我经营着 7-ELEVEn 的加盟店，取得了一些成绩，贷款也还完了。我想将我认识的一个人派往 2 号店，但他不太会处理人际关系，我就犹豫着是否再雇一个人去管理 2 号店。怎么办才好呢？"

我回答说："您将第一家店做得那么好，这是一件很了不起的事情。只是，2 号店的当地环境和顾客们的生活方式都会与 1 号店不同。也许，不久之后，周围还会出现一些同行。如果附近新建了一家店，就会对现在的店铺造成多方影响。在考虑到这一点的基础上，再去考虑增开新店的事情比较好，您说对吗？若您有孩子，将 2 号店交给您的孩子，若您有一直共事的元老级店员，考虑到他将来的发展，您可以把另一家店交给他。这样的三家店关系密切，就应该能保护好自己的商圈，无论后续

再出现什么同行，就都不用担心了。"

一般来说，便利店半径 500 米以内的商圈，如果人口达到 3000 人，就不会亏本。为了确保自己的顾客数，现在大家普遍倾向于在该商圈内再开两家店。有的地方不停开分店就是这个原因。

若为时已晚，周围已经被同行竞争对手包围了，怎么办？答案是，基本上只能退回原地，重来一次了。

这一次，便要再次好好贯彻 7-ELEVEn 的四项基本原则（温馨服务、清洁、备货、鲜度管理），并更加努力。具体来说，在卖场注意坚持与顾客寒暄。一天中抽出固定的时间，将货架深处的商品摆放到最靠近消费者的前部位置等。不管哪项工作都要将第一步和第二步贯彻到底。像这样的销售额上升的例子，我见过好几例。

避免重复性劳动

"我开始经营 7-ELEVEn 之前,我的店铺是地方又小又旧,还很脏的 3k① 大小的酒铺。而且我还欠有贷款。加盟 7-ELEVEn 之后,我一门心思经营便利店,店内运营也很顺利。之后我扩建了店铺,贷款也还完了。然而,现在我好像已经丧失了目标,对工作也无法产生热情了。怎么办呢?"

一位店主对我诉说过这样的烦恼。

他和我以前的际遇很像,我有些难以回答。因为我自己当时也许会成为另一个他。幸运的是,我喜欢与顾客打交道。看到顾客每天欢喜的样子,我就工作得很开心。因此,并没有陷入到倦怠期。

确实,便利店二十四小时都在重复着同样的事情。所以变成重复性劳动,也不是那么难以想象的事情。为了避免这种情况发生,我认为可以设立一个大目标和小目标。

大目标就是:十年或二十年后,自己希望做到一个怎样的

---

① 一个厨房,三个房间。

地步。比如，想多开几家店，想要还清贷款后让孩子继承自家店铺等。

小目标是为了实现大目标而制定的阶段性目标，以一个月、半年、一年为单位来考虑应该做什么。像是要把下个月的销售额提升 2%，把缺货率控制在 5% 以下等。尽量设定这些具体的目标。

便利店经营应当从宏观与微观上分别把控。

如何继承一家店

我考虑到将我的便利店交给家人继承,是 60 岁左右的事情。那位向我询问怎样跳出重复性劳动的状态的店主和我差不多大。现在我们对这件事情还在商讨中,未有定论。但如果将便利店作为一项事业来看,为了这片商圈的顾客,我觉得还是应该将大目标定为让孩子继承自家的店铺。

若用自己的土地、房屋经营 7-ELEVEn A 模式店的店主,最迟应该在 60 岁召开一个家庭会议。为了将来,将家里要遵循的基本原则及所谓的家训,确立并传达下去。资产继承要遵循公正、公平的原则。

只是,继承者可能无法做到冷静的判断。虽说是长男,有时也未必适合这项工作。选择继承人的准则是,那位被选定的孩子是否真的喜欢做这种经营性的工作。不要一厢情愿,也不要对其太过期待。接下来,再看他能为了工作弯腰低头吗?他能听进别人的意见吗?无论对方是谁,他都能以同样的态度来应对吗?……这些都是选择继承者的重要因素。而我们家的家训就一条：不贷款。

  我的店铺所在地江东区，这里 7-ELEVEn 的成员有 80 人左右。其中，有三家 A 模式的店，是很早以前就一直在当地经营的店铺。其他的都是 C 模式的店铺。在江东地区的店主学习会快结束的时候，常常会看到，从业时间长的 A 模式的店主前辈给 C 模式的店主出主意。我因为常将"不要借贷款"挂在嘴边，所以在学习会的成员中间，就流传出了"无贷款"这么一个合成词。

对遗产继承税的探讨

与身兼合作伙伴身份的妻子的对话是非常重要的。在店铺继承方面，妻子的意见必须得到尊重。越重要的事情，越要与伙伴商量着来。否则，问题发生时就无法挽回。

开店后，因为我们两人都必须马上投入工作，所以刚开业时没有条件去长时间旅行。若店里一切顺利，几年过后就能空出时间来了。那时，我就建议选择一个带有犒劳意义的旅行。没有店员，没有其他家人，就两个人一起说说话，这点很重要。

美国的便利店经营者告诉我说，妻子是伙伴，若店内运转一切顺利，就得把它看成是两个人共同努力的结果。当时听到这句话时我还有点不明白，到了要选继承人的时候，我才终于明白了。

我没听到过，以"夫妻平等"的观念行事的店主，在选择继承人问题上出现过纠纷的案例。就我所知，出现纠纷的都是大男子、唯我独尊主义的独断专行式的店主家庭。

在继承事业时，必须要考虑遗产继承税。税理士[①]及金融机构会为我们提供参考意见，但不要随意相信他们说的"这样能够避税"的话。

总资产中，土地和股票所占的比重比较大的店铺，尤其要注意。根据总资产额，土地保有的比例在70%以上，股票占比在50%以上的话，就应该到专门的土地保有公司及股票保有公司申请认定。这样一来，其认定结果多为，您的资产会比平时的评估结果要高，而遗产继承税也会相应变高。

股票方面，对于非上市的自家公司的股票等遗产评估额的计算，最好委托给多家机构同时进行，非上市的股票评估中有，类似业种可比对标准方式和净资产价额方式，计算程序复杂，有时会发生评估机构不同，评估结果也产生差异的情况。

---

① 税理士，税务代理人。

考虑老年生活

将工作交给继承人后,就要考虑自己今后的养老生活了。这个阶段应该探讨的是店铺的经营与所有权的问题。因为已经退休了,关于经营的一切问题就最好不要再插手了。另一方面,虽然将店铺经营放手交给了继承人,但当他的经营与自己之前的经营方针发生冲突的时候,有的店主会选择尽可能多地收回股票所有权。

无论如何,经营体制与店里的所有关系必须清晰、分明。

接下来,是退休后的生活费的问题。除了国民年金[①]之外,要尽早(最好从20多岁开始)加入厚生年金[②]或是个人缴纳型养老金。还有,退休后,店里的股票分配也要预先安排好。

财产分配时,注意公司财产和个人财产要分开。原则上应按现金存款、有价证券、不动产三分法来划分。

---

① 日本的国家发给个人的养老金。
② 厚生年金是日本的一种保险,有点类似于中国的养老保险。

表1 一家成功的店铺的发展过程（因人而异）

■ 第一期（35~45岁左右）

①学习便利店经营（闷头猛干的一年）
②准备成为扎根当地的店（坐冷板凳也要心怀"有志者，事竟成"的毅力）
③经营逐渐稳定（要有五年的觉悟）
④按时返还开业时的贷款（为还清贷款努力的十年）
⑤无须担心资金周转的问题，要以稳定为目标

■ 第二期（45~60岁左右）

①还清了贷款，开2号店、3号店，开始谋求多家分店的布局
②尽早开始录用正式店员，培养今后能镇守一方的店长，或者将来的加盟店店主
③到60岁为止，在家庭会议上确立家训及家庭内基本方针，以发展家业为目标，制订家业继承计划。资产继承遵循公正、公平的原则
④不要相信税理士及金融机构提出的不合理的遗产继承税避税方案，注意尽量避免与专门的股票保有公司及土地保有公司接触
⑤非上市的自家店铺股票等的遗产税的评估额计算（类似业种可对比标准方式、净资产价额方式，以及其他的组合）应当委托给多家机构

■ 第三期（60~80岁）

①讨论经营权和所有权是否分开。为退休后的夫妻俩准备养老金
②平衡店主成为法人后的店员报酬（工作时）和股息（退休后）
③如果可以的话，从20岁开始就要缴纳国民年金+厚生年金、国民年金+个人缴纳型年金
④经营体制和所有制结构必须明晰
⑤公司财产与个人财产原则上用三分法（现金存款、有价证券、不动产）来分配。个人流动性资产应当确保在50%以上

只是个人的流动性资产如果无法达到 50% 以上，有急事时就必须贷款了，这点要予以注意。

表 1 是我的一些个人想法，也可以说是便利店店主的人生计划表。在这张表中，我设定事业的起步阶段是从 30~35 岁开始的。可能事实并非如此，但差不多吧。

我从前途未知的 7-ELEVEn 经营加盟店出发，走到现在，可以说取得了一定的成果。我希望所有 7-ELEVEn 的店主都能觉得"入了 7-ELEVEn 这一行，真好"。

让便利店成为生命线

四十三年过去了,现在回顾过去,我真是没有想到,便利店会发展成如今的样子。银行设置的 ATM 机、公共费用支出、戏票预售、保险合同、自治体的行政服务、网上下单的商品收件……便利店里出现了越来越多的新功能。

7-ELEVEn 本部将创立以来的广告创意,由"光临本店心情好"改成了"近、方便"。它表明了接下来的 7-ELEVEn 要成为人们的生活方式的一部分。在飞速变化的时代中,无论如何,经营最终都是要站在满足顾客生活的立场上,来寻找市场需求。

我也在思考着如何回报顾客。基于这一想法,1999 年我开始了免费配送。

我当初开始经营丰洲店时,顾客是与我同龄,或者比我还大的人。而这些顾客现在都已七十岁左右了。他们年纪大了,有人拿不动重物,有人甚至无法外出。但他们之前都一直光临本店。换句话说,那些顾客是本店的基石。

本部现在提供送货上门的餐饮服务(一次性购买含税 500

日元以上的商品的话，免费派送）。这项服务曾经在当地很普遍。我想将来把免费送货上门这项服务做得更进一步，看能不能再加上在送货时，确认对方是否安全健康的一种"安全体系"服务。

富有关怀感的商品的时代

我认为，今后便利店面临的课题应该是对年长顾客做到"关心"和"体贴"。前几日，一位与便利店有40年感情的、比我年长的老顾客向我提出了这样的希望："我现在用的洗澡用海绵，沾上沐浴露洗的话会觉得很疼，有没有更柔软一点的海绵呢？我没有在您店里找到。能不能您下回进货时订购那种容易出泡沫的、软一点的海绵？"

同我年龄差不多的一位独居者也对我说："我肠胃不好，想吃软烂一点的粥，但店里都是隔水加热的那种。身体不好时，我觉得这种食物很麻烦。"

我将他们的要求告诉了商品开发的负责人。

负责人回答："是要做到像黄金咖喱那种，只要在微波炉一热，打开包装后就能立刻食用的那种吗？可以做的。7-ELEVEn的大米都是美味的优质大米。"

我站在店里就会发现老年人真多。

"关东煮的丸子太大了，吃一两个就饱了。如果做小一点，就能多买几款换换口味了。"或者是："能不能将装茶的塑料瓶做成方便老人拿取的小瓶装呢？"等等，老年人有各类诉求。

2016 年 7 月，比普通的咖喱面包小两圈的圆形迷你三个装，这样的超人气咖喱面包（含税 138 日元）上市了。丰洲店每天都能卖 40 个左右。

咖喱面包虽是人气商品，但因为个儿大量足，年长者曾表示过想吃，但吃完一个后，会觉得胃撑得难受。于是，就催生了三个装的迷你面包的上市，可以当零食吃。这是一个谁都能想到，但又不是谁都能想到并实现的绝妙创意。

不只是老年人，如果观察该商品的消费群体的话，会发现从事体力劳动的男性到白领、主妇、学生，该商品的消费群体是多样化的。可以说，迷你咖喱面包挖掘出了潜在的市场需求。

消费者的情绪是复杂而细腻的，我们生意人未必能注意到。有时候，他们会关注一些意外的地方。

前几日，我和朋友一起在神奈川县的箱根住了一晚。想到这里有很多旅馆，为什么朋友唯独选择这家呢？我感到有些好奇。我听说最近很多年轻人注重床的品质，我就想是不是这个原因，结果不是。朋友回答说，因为澡堂的洗浴用品不错，而且很喜欢这家的剃须刀，所以才订这家旅馆。

一般来说，为了控制成本，旅馆的洗浴用品多为廉价之物。朋友的胡子很浓密，用便宜的剃须刀会刮伤脸颊。但是，这家旅馆的东西就比较高级，能顺利刮完胡子，所以他才经常来这里。

只是因为这一点，这家旅馆就成了他们的心头好。这家旅馆对顾客的体贴是从对每一位顾客的关怀开始的。

作为基础设施的便利店

2013年8月开张的丰洲站前①店的一栋大厦的二楼,开设了一家幼儿园。幼儿园利用了丰洲站的优势,营业时间为周一到周日,早上7点到晚上8点半。幼儿园的孩子来上学的时候,便利店也开始发挥相应的作用了。

于是,我就开始思考,对当地有帮助的其他机构与便利店在一起合作时,会产生怎样的叠加效应。

虽然还在构思阶段,但我现在有这样一种想法。那就是若便利店开在医院旁,那么在等待诊疗和等待取药的时间里,顾客就有可能光临便利店。或者,在便利店中开辟出一块空间,做成让周围老年居民放松、闲坐的类似茶馆一样的地方又如何呢?将上门派送与确认老年人安全的服务结合到一起,也是充分利用基础设施的一种。

在7-ELEVEn的"nanaco"卡中,录入会员的电话及名字信息。只要将卡号告知店里,店里马上就能确认是自家会员,并

---

① 此处为一个站名。

提供会员服务。不管怎样，从视频电话中能看到居住在当地的老人，这是便利店的一大优势。

台风过境时，若窗户坏了，找谁商量比较好呢？下水道堵了又该怎么办呢？家里的钥匙忘带了进不了门怎么办呢？……将这样的事情交给7-ELEVEn来做，让7-ELEVEn成为当地的信息收集处如何？如果同当地的玻璃店、下水道疏通店、钥匙店、电器店等合作，所有的设想都有可能成为现实。

成为商谈窗口的是全国1.9万家7-ELEVEn店铺。当然，如果再跟其他的便利店合作……紧急时刻自不用说，即使是到一个地方旅行，未雨绸缪地提前办理一张带会员信息的会员卡并带在身边，走遍日本都不怕。因为作为生命线的便利店所形成的网络，发挥着巨大的作用。

顾客现在手上有很多卡。我认为这些卡主要有三种：①储蓄卡，②医疗卡，③身份证明兼信用卡。

这三种可能合并为一种，如果顾客选择了7-ELEVEn的卡，那么7-ELEVEn的卡就真的是一张救命卡了——我的梦想在开始漫无边际地膨胀。

结 束

我喜欢商店，即使现在我也每天都要去店里一趟。我喜欢去店里感受顾客的心情，这样我就会觉得非常快乐。

开店不久后发生了一件事情。有一次，一块手帕从货架上掉下来，我反射性地想把它放回原位，但当时，脑海里突然浮现出研修时学的手册里的内容："掉落到地上的东西，绝不能卖给顾客。"

那一瞬间，我明白了经营的严苛。

"销售的商品要用自己的手去触摸，用五感去感受。"

这是伊藤雅俊名誉会长教给我的。我之所以能够将店铺坚持开下来，除了顾客的支持，还离不开本部的指导。

1974年5月15日开业的丰洲店，今年已经走过了43个年头。回想一下，也就是普通人进入公司到退休的时间。光阴似箭，时间如白驹过隙。一开始什么都不懂，闷头苦干的那么些年，也记录了我全部的青春时光。

这本书是我从每日的工作中总结出来的，其中一些是自己觉得很重要的、对经营的一些浅见。它就像我实践开店的一本流水账，也像一份对我自己进行反省总结的期中报告。之所以这么说，是因为我想继续面对经营中的挑战。

如此想来，人生不可能完美，也不可能一路坎坷。谁都想过好的生活，想自由自在。但是，谁都无法把握幸福的度。所以只能自己去努力做好自己觉得比较好的事情。

最后，我要再次郑重地感谢这么些年来与我风雨同舟的家人和店员们，同时要感谢一直支持着我的 7-ELEVEn 本部的各位同人。

2017 年 1 月

7-ELEVEn 丰洲店店主　山本宪司

本书的版税将全部捐献给一般财团法人 7-ELEVEn 纪念财团，用于支援致力于环境保护/安全维护活动的市民团体、NPO 法人等。

关于"服务的细节丛书"介绍：

东方出版社从 2012 年开始关注餐饮、零售、酒店业等服务行业的升级转型，为此从日本陆续引进了一套"服务的细节"丛书，是东方出版社"双百工程"出版战略之一，专门为中国服务业产业升级、转型提供思想武器。

所谓"双百工程"，是指东方出版社计划用 5 年时间，陆续从日本引进并出版在制造行业独领风骚、服务业有口皆碑的系列书籍各 100 种，以服务中国的经济转型升级。我们命名为"精益制造"和"服务的细节"两大系列。

我们的出版愿景："通过东方出版社'双百工程'的陆续出版，哪怕我们学到日本经验的一半，中国产业实力都会大大增强！"

到目前为止"服务的细节"系列已经出版 105 本，涵盖零售业、餐饮业、酒店业、医疗服务业、服装业等。

更多酒店业书籍请扫二维码

了解餐饮业书籍请扫二维码

了解零售业书籍请扫二维码

"服务的细节" 系列

《卖得好的陈列》：日本"卖场设计第一人"永岛幸夫
定价：26.00 元

《为何顾客会在店里生气》：家电卖场销售人员必读
定价：26.00 元

《完全餐饮店》：一本旨在长期适用的餐饮店经营实务书
定价：32.00 元

《完全商品陈列 115 例》：畅销的陈列就是将消费心理可视化
定价：30.00 元

《让顾客爱上店铺 1——东急手创馆》：零售业的非一般热销秘诀
定价：29.00 元

《如何让顾客的不满产生利润》：重印 25 次之多的服务学经典著作
定价：29.00 元

《新川服务圣经——餐饮店员工必学的 52 条待客之道》：日本"服务之神"新川义弘亲授服务论
定价：23.00 元

《让顾客爱上店铺 2——三宅一生》：日本最著名奢侈品品牌、时尚设计与商业活动完美平衡的典范
定价：28.00 元

《摸过顾客的脚才能卖对鞋》：你所不知道的服务技巧，鞋子卖场销售的第一本书
定价：22.00 元

《繁荣店的问卷调查术》：成就服务业旺铺的问卷调查术
定价：26.00 元

《菜鸟餐饮店 30 天繁荣记》：帮助无数经营不善的店铺起死回生的日本餐饮第一顾问
定价：28.00 元

《最勾引顾客的招牌》：成功的招牌是最好的营销，好招牌分分钟替你召顾客！
定价：36.00 元

《会切西红柿，就能做餐饮》：没有比餐饮更好做的卖卖！饭店经营的"用户体验学"。
定价：28.00 元

《制造型零售业——7-ELEVEn 的服务升级》：看日本人如何将美国人经营破产的便利店打造为全球连锁便利店 NO.1！
定价：38.00 元

《店铺防盗》：7 大步骤消灭外盗，11 种方法杜绝内盗，最强大店铺防盗书!
定价：28.00 元

《中小企业自媒体集客术》：教你玩转拉动型销售的 7 大自媒体集客工具，让顾客主动找上门!
定价：36.00 元

《敢挑选顾客的店铺才能赚钱》：日本店铺招牌设计第一人亲授打造各行业旺铺的真实成功案例
定价：32.00 元

《餐饮店投诉应对术》：日本 23 家顶级餐饮集团投诉应对标准手册，迄今为止最全面最权威最专业的餐饮业投诉应对书。
定价：28.00 元

《大数据时代的社区小店》：大数据的小店实践先驱者、海尔电器的日本教练传授小店经营的数据之道
定价：28.00 元

《线下体验店》：日本 "体验式销售法"第一人教你如何赋予 O2O 最完美的着地!
定价：32.00 元

《医患纠纷解决术》：日本医疗服务第一指导书，医院管理层、医疗一线人员必读书！医护专业入职必备！
定价：38.00 元

《迪士尼店长心法》：让迪士尼主题乐园里的餐饮店、零售店、酒店的服务成为公认第一的，不是硬件设施，而是店长的思维方式。
定价：28.00 元

《女装经营圣经》：上市一周就登上日本亚马逊畅销榜的女装成功经营学，中文版本终于面世！
定价：36.00 元

《医师接诊艺术》：2秒速读患者表情，快速建立新赖关系！日本国宝级医生日野原重明先生重磅推荐！
定价：36.00 元

《超人气餐饮店促销大全》：图解型最完全实战型促销书，200个历经检验的餐饮店促销成功案例，全方位深挖能让顾客进店的每一个突破点！
定价：46.80 元

《服务的初心》：服务的对象十人百样，服务的方式千变万化，唯有，初心不改！
定价：39.80 元

《最强导购成交术》：解决导购员最头疼的 55 个问题，快速提升成交率！
定价：36.00 元

《帝国酒店——恰到好处的服务》：日本第一国宾馆的 5 秒钟魅力神话，据说每一位客人都想再来一次！
定价：33.00 元

《餐饮店长如何带队伍》：解决餐饮店长头疼的问题——员工力！ 让团队帮你去赚钱！
定价：36.00 元

《漫画餐饮店经营》：老板、店长、厨师必须直面的 25 个营业额下降、顾客流失的场景
定价：36.00 元

《店铺服务体验师报告》：揭发你习以为常的待客漏洞　深挖你见怪不怪的服务死角　50 个客户极致体验法则
定价：38.00 元

《餐饮店超低风险运营策略》：致餐饮业有志创业者＆计划扩大规模的经营者＆与低迷经营苦战的管理者的最强支援书
定价：42.00 元

《零售现场力》：全世界销售额第一名的三越伊势丹董事长经营思想之集大成，不仅仅是零售业，对整个服务业来说，现场力都是第一要素。
定价：38.00 元

《别人家的店为什么卖得好》：畅销商品、人气旺铺的销售秘密到底在哪里？到底应该怎么学？人人都能玩得转的超简明 MBA
定价：38.00 元

《顶级销售员做单训练》：世界超级销售员亲述做单心得，亲手培养出数千名优秀销售员！日文原版自出版后每月加印 3 次，销售人员做单必备。
定价：38.00 元

《店长手绘 POP 引流术》：专治"顾客门前走，就是不进门"，让你顾客盈门、营业额不断上涨的 POP 引流术！
定价：39.80 元

《不懂大数据，怎么做餐饮？》：餐饮店倒闭的最大原因就是"讨厌数据的糊涂账"经营模式。
定价：38.00 元

《零售店长就该这么干》：电商时代的实体店长自我变革。
定价：38.00 元

《生鲜超市工作手册蔬果篇》：海量图解日本生鲜超市先进管理技能
定价：38.00 元

《生鲜超市工作手册肉禽篇》：海量图解日本生鲜超市先进管理技能
定价：38.00 元

《生鲜超市工作手册水产篇》：海量图解日本生鲜超市先进管理技能
定价：38.00 元

《生鲜超市工作手册日配篇》：海量图解日本生鲜超市先进管理技能
定价：38.00 元

《生鲜超市工作手册副食调料篇》：海量图解日本生鲜超市先进管理技能
定价：48.00 元

《生鲜超市工作手册 POP 篇》：海量图解日本生鲜超市先进管理技能
定价：38.00 元

《日本新干线 7 分钟清扫奇迹》：我们的商品不是清扫，而是"旅途的回忆"
定价：39.80 元

《像顾客一样思考》：不懂你，又怎样搞定你？
定价：38.00 元

《好服务是设计出来的》：设计，是对服务的思考
定价：38.00 元

《让头回客成为回头客》：回头客才是企业持续盈利的基石
定价：38.00 元

《餐饮连锁这样做》：日本餐饮连锁店经营指导第一人
定价：39.00 元

《养老院长的 12 堂管理辅导课》：90%的养老院长管理烦恼在这里都能找到答案
定价：39.80 元

《大数据时代的医疗革命》：不放过每一个数据，不轻视每一个偶然
定价：38.00 元

《如何战胜竞争店》：在众多同类型店铺中脱颖而出
定价：38.00 元

《这样打造一流卖场》：能让顾客快乐购物的才是一流卖场
定价：38.00 元

《店长促销烦恼急救箱》：经营者、店长、店员都必读的"经营学问书"
定价：38.00 元

《餐饮店爆品打造与集客法则》：迅速提高营业额的"五感菜品"与"集客步骤"
定价：58.00 元

《赚钱美发店的经营学问》：一本书全方位掌握一流美发店经营知识
定价：52.00 元

《新零售全渠道战略》：让顾客认识到"这家店真好，可以随时随地下单、取货"
定价：48.00 元

《良医有道：成为好医生的 100 个指路牌》：做医生，走经由"救治和帮助别人而使自己圆满"的道路
定价：58.00 元

《口腔诊所经营 88 法则》：引领数百家口腔诊所走向成功的日本口腔经营之神的策略
定价：45.00 元

《来自 2 万名店长的餐饮投诉应对术》：如何搞定世界上最挑剔的顾客
定价：48.00 元

《超市经营数据分析、管理指南》：来自日本的超市精细化管理实操读本
定价：60.00 元

《超市管理者现场工作指南》：来自日本的超市精细化管理实操读本
定价：60.00 元

《超市投诉现场应对指南》：来自日本的超市精细化管理实操读本
定价：60.00元

《超市现场陈列与展示指南》
定价：60.00元

《向日本超市店长学习合法经营之道》
定价：78.00元

《让食品网店销售额增加10倍的技巧》
定价：68.00元

《让顾客不请自来！卖场打造84法则》
定价：68.00元

《有趣就畅销！商品陈列99法则》
定价：68.00元

《成为区域旺店第一步——竞争店调查》
定价：68.00元

《餐饮店如何打造获利菜单》
定价：68.00元

《日本家具&家居零售巨头NITORI的成功五原则》
定价： 58.00元

《咖啡店卖的并不是咖啡》
定价： 68.00元

《革新餐饮业态：胡椒厨房创始人的突破之道》
定价： 58.00元

《餐饮店简单改换门面，就能增加新顾客》
定价： 68.00元

《让POP会讲故事，商品就能卖得好》
定价： 68.00元

《经营自有品牌：来自欧美市场的实践与调查》
定价： 78.00元

《卖场数据化经营》
定价： 58.00元

《超市店长工作术》
定价： 58.00元

《习惯购买的力量》
定价： 68.00 元

《7-ELEVEn 的订货力》
定价： 58.00 元

《与零售巨头亚马逊共生》
定价： 58.00 元

《下一代零售连锁的 7 个经营思路》
定价： 68.00 元

《唤起感动： 丽思卡尔顿酒店"不可思议"的服务》
定价： 58.00 元

《7-ELEVEn 物流秘籍》
定价： 68.00 元

《价格坚挺， 精品超市的经营秘诀》
定价： 58.00 元

《超市转型： 做顾客的饮食生活规划师》
定价： 68.00 元

《连锁店商品开发》
定价：68.00元

《顾客爱吃才畅销》
定价：58.00元

《便利店差异化经营——罗森》
定价：68.00元

《餐饮营销1：创造回头客的35个开关》
定价：68.00元

《餐饮营销2：让顾客口口相传的35个开关》
定价：68.00元

《餐饮营销3：让顾客感动的小餐饮店"纪念日营销"》
定价：68.00元

《餐饮营销4：打造顾客支持型餐饮店7步骤》
定价：68.00元

《餐饮营销5：让餐饮店坐满女顾客的色彩营销》
定价：68.00元

《餐饮创业实战 1：来，开家小小餐饮店》

定价：68.00 元

《餐饮创业实战 2：小投资、低风险开店开业教科书》

定价：88.00 元

《餐饮创业实战 3：人气旺店是这样做成的！》

定价：68.00 元

《餐饮创业实战 4：三个菜品就能打造一家旺店》

定价：68.00 元

《餐饮创业实战 5：做好"外卖"更赚钱》

定价：68.00 元

《餐饮创业实战 6：喜气的店客常来，快乐的人福必至》

定价：68.00 元

《丽思卡尔顿酒店的不传之秘：超越服务的瞬间》

定价：58.00 元

《丽思卡尔顿酒店的不传之秘：纽带诞生的瞬间》

定价：58.00 元

《丽思卡尔顿酒店的不传之秘： 抓住人心的服务实践手册》

定价： 58.00 元

更多本系列精品图书，敬请期待！